Vínculos

Marcia Esteves Agostinho

Vínculos

Sexo e amor na evolução do casamento

1ª edição – 2ª impressão

odisseia
EDITORIAL

© 2014, by Marcia Cristina Esteves Agostinho

Odisseia Editorial® é uma marca registrada da
Lexikon Editora Digital Ltda

Direitos de edição da obra em língua portuguesa adquiridos pela Lexikon Editora Digital Ltda. Todos os direitos reservados. Nenhuma parte desta obra pode ser apropriada e estocada em sistema de banco de dados ou processo similar, em qualquer forma ou meio, seja eletrônico, de fotocópia, gravação etc., sem a permissão do detentor do copirraite.

LEXIKON EDITORA DIGITAL LTDA.
Rua da Assembleia, 92/3º andar — Centro
20011-000 Rio de Janeiro — RJ — Brasil
Tel.: (21) 2526-6800 — Fax: (21) 2526-6824

www.lexikon.com.br — sac@lexikon.com.br

1ª edição - 2013

DIRETOR EDITORIAL
Carlos Augusto Lacerda

PRODUÇÃO EDITORIAL
Sonia Hey

ASSISTENTE DE PRODUÇÃO
Fernanda Carvalho

REVISÃO
Perla Serafim

DIAGRAMAÇÃO
Nathanael Souza

CAPA
Cecília Costa

CIP-BRASIL. CATALOGAÇÃO NA PUBLICAÇÃO
SINDICATO NACIONAL DOS EDITORES DE LIVROS, RJ

A221v

Agostinho, Marcia Esteves
    Vínculos: sexo e amor na evolução do casamento / Marcia Esteves Agostinho. - 1. ed. - Rio de Janeiro : Odisseia, 2013.
    208 p. ; 21 cm.

    ISBN 978-85-62948-17-6

    1. Relação homem-mulher. 2. Relações humanas. 3. Sexo. I. Título.

CDD: 306.7
CDU: 392.6

Dedico este livro a

*Regina e Paulo, meus pais,
meu exemplo de casamento;*

*Mariana e Giuliano, meus filhos,
meu sentido;*

*Gilberto, meu marido,
meu vínculo eterno.*

Por que devemos ler este livro?

Narrativas lendárias dão conta de que em 1859, quando o naturalista britânico Charles Darwin lançou *A origem das espécies*, duas senhoras inglesas muito religiosas lamentaram a publicação. Disse uma: "rezemos para que não seja verdade o que ele descobriu". Replicou a outra: "E se for, rezemos para que não se espalhe muito."

Até então, misturando ciência e crenças religiosas, quase todos achavam que o mundo havia sido criado por Deus em apenas uma semana, não em milhões ou bilhões de anos, como passava a propor a teoria da evolução. Alguns teólogos, aliás, tinham reprovado a presença de umbigos em Adão e Eva nas pinturas do Renascimento. Se o homem tinha sido feito do barro, e a mulher, da costela dele, nenhum dos dois poderia ter umbigo!

James Ussher, respeitado teólogo e historiador irlandês, publicara ainda em 1650 um livro intitulado *Os anais do mundo*. Nele, baseando-se em estudos bíblicos, fixara a data exata da Criação em 23 de outubro de 4004 a.C., às 9h da manhã, embora outros questionassem o modo de contar os três primeiros dias da Criação, pois o Sol, a Lua e as estrelas foram criados apenas no quarto dia.

Este brevíssimo quadro de referência vem à tela desta página porque Marcia trata de temas preocupantes para as duas inglesas da *boutade* famosa, pois revê o vínculo conjugal de modos inteiramente novos.

As perigosas ligações do casamento têm ensejado textos repetitivos e monótonos. Não é este o caso! Este livro traz os sabores dos saberes da autoria, que, se é autêntica, traz novidades. O casal de que trata a autora é bem diferente daquele par que os teólogos, as duas inglesas e o piedoso arcebispo tinham em mente.

Cintilam muitas claridades nas linhas e entrelinhas desta autora, no sumo que extraímos de páginas que ela escreveu com muito esmero e dedicação. O amor está no casamento? Está! A paixão também? Também. Mas e o compromisso, que hoje parece evitado por tantos? Teriam gêneros, tão opostos às vezes, entretanto aproximados por sutis e vagas afinidades, construído uma sociedade de tantas complexas sutilezas, sem os laços do compromisso?

Desarrumando nossas ideias e sentimentos, Marcia nos leva a pensar e sentir o vínculo conjugal de um modo novo. Este é o principal mérito de seu livro. Mas há outros e há sobretudo a verdade fatal: cada leitor faz com que o mesmo livro seja outro porque ele também é outro a cada vez que lê o mesmo livro. Não nos esqueçamos do aviso do escritor inglês T.S. Eliot, que de bancário chegou a Prêmio Nobel de Literatura: "conversando com a mesma pessoa, a cada cinco minutos enfrentamos um estranho". Lendo e escrevendo dá-se o mesmo.

Estas páginas têm transcendência. Elas nos revelam que nossa inextirpável natureza animal não prevalece sobre a cultura. Do contrário, semelharíamos aos chimpanzés, referidos na página 26: "é comum que os machos matem os filhotes que não reconheçam, fazendo com que as fêmeas

Apresentação

procurem fazer sexo indiscriminadamente para proteger sua prole".

Faz-se hoje muito sexo no mundo. Mas os motivos ainda são outros! Os vínculos conjugais, muitas vezes tão efêmeros, de duração insuficiente para as inevitáveis conciliações, precisam ser colimados.

Marcia Esteves Agostinho é bem-vinda ao convívio dos que escrevem para convidar os leitores a pensar e a sentir. Ela alcança isso com rara maestria.

Todos ganham algo com a leitura de livro tão pertinente e oportuno, escrito de modo tão apropriado à proposta, conciliando tantas diferenças entre gêneros unidos pelos vínculos conjugais, hoje ainda mais diversos do que ontem, pois a evolução é aceita por quase todos como um fato, às vezes assustador e desconcertante, mas um fato! E os vínculos conjugais se fortalecem, ainda que de modos diferentes, à luz de novas realidades.

A obra traz ainda os conhecidos cuidados editoriais de uma casa que tem feito lançamentos muito pertinentes.

DEONÍSIO DA SILVA

Sumário

Prefácio — 13
1. Em busca de sentido — 19

Parte I: PASSADO — 25
2. Evolução do vínculo conjugal — 27
3. Da selva à civilização — 41
4. Poder e procriação — 55
5. Amor e sexo — 73

Parte II: PRESENTE — 91
6. União — 93
7. Infidelidade — 125
8. Rompimento — 155
9. Reconciliação — 175

Parte III: FUTURO — 189
10. ...E viverão felizes para sempre — 191

Referências — 199

Prefácio

Ainda hoje permanece uma velha discussão: natureza ou cultura, qual delas é a responsável pelo comportamento humano? De cada lado da arena, defensores de uma ou de outra teoria se acotovelam, acreditando possuírem, com exclusividade, a resposta para tantos dramas cotidianos. A relação a dois é um desses casos que suscitam reações especialmente acaloradas. Por que escolhemos quem escolhemos? Por que "optamos" (ou, talvez, nos conformamos) por ficar sozinhos? É possível ser monogâmico? Sexo ou amor: qual a base para um vínculo duradouro?

Este livro traz uma boa notícia. O embate acabou... e em empate! Natureza e cultura interagem, em proporções equivalentes, para fazer com que sejamos uma espécie especial de primata. Hormônios moldam nosso cérebro e influenciam nossas escolhas tanto quanto as tradições que seguimos e as normas sociais que nos são impostas. A evolução humana fez com que nos tornássemos uma espécie capaz de agir tanto pelo instinto quanto pela razão. O impulso animal nos faz acasalar, buscar alimentos, descansar e recomeçar a cada dia. Nós, porém, fomos mais longe. Nós fazemos sexo e amamos. Nós comemos e falamos. Nós dormimos e sonhamos. Nós aprendemos a pensar e a planejar o futuro. Nós nos tornamos primatas existencialistas! E como tal, estamos sempre em busca de sentido.

Em tantos milhares de anos de evolução, a sociedade humana nunca havia passado por transformações tão profundas como as ocorridas nos últimos cinquenta anos. Industrialização, emancipação da mulher, democratização da educação, tecnologias contraceptivas e reprodutivas, internet, redes sociais, relacionamentos virtuais. Mesmo assim, continuamos buscando sentido para nossa existência na presença íntima do outro. Apesar da intensidade da vida econômica e do papel que a carreira profissional desempenha na formação de nossas identidades, continuamos à procura de nossa alma gêmea.

Para muitos de nós, porém, homens ou mulheres herdeiros do feminismo e da geração yuppie[1], não é fácil nos assumirmos como "amantes à moda antiga". A valorização da independência e do sucesso profissional traz enorme dificuldade para que assumamos o tipo de compromisso que o casamento pressupõe. Como consequência, inventamos uma série de análogos — amizade colorida, casamento aberto, moradia conjunta sem oficialização, casamento oficial com moradias separadas — na esperança de que o peso da responsabilidade diminua. De fato, a responsabilidade diminui, porém, sejamos honestos, a insatisfação e a sensação de vazio aumentam.

---

[1] Termo derivado da sigla YUP, que, na língua inglesa, significa *Young Urban Professional*.

Não há como escapar. O amor requer compromisso. O amor exige responsabilidade. Não importa o que chamemos de casamento. Seja ele religioso ou civil, oficial ou não, "arranjado" ou romântico, hetero ou homoafetivo, qualquer que seja o tipo de vínculo conjugal que se estabeleça, sua permanência pressupõe entrega mútua. Estar vinculado pelo amor significa ser especial para o outro e ter o outro como especial para você. Especial a ponto de fazerem um pacto, ainda que tácito, de respeito recíproco, segundo o qual um se torna a prioridade do outro.

É um preço muito alto? Talvez. Mas um milhão de brasileiros todos os anos demonstram que acreditam que vale a pena, a ponto de oficializarem suas uniões. Mesmo aquelas 240 mil pessoas que rompem seus casamentos não desanimam. Muitos se casam novamente e mais de um terço dos que permanecem oficialmente divorciados vive em estado conjugal. Assim, os mais de 60% dos brasileiros com mais de 20 anos de idade que vivem em união conjugal, qualquer que seja o estado civil, fortalecem a ideia de que casamento faz bem.

Ao longo da história, percebe-se quanto o vínculo conjugal tem sido benéfico para a espécie humana. Tanto a filosofia quanto a ciência, em especial a neurociência, dão testemunhos do impacto que uma relação afetiva significativa provoca, não só na sociedade, mas em cada indivíduo. Entretanto, cabe a cada um de nós questionar valores e prioridades, lembrando que o excessivo apreço à liberdade pode levar a um compromisso com a solidão. Por outro lado, a disposição para fazer concessões por quem se ama é o preço cobrado pela interdependência criadora tão característica de uma existência plena de significado.

Um bom amigo[2] costuma dizer que "é tão bom saber que a casa que nos espera não está vazia". Este livro se propõe a compartilhar este entusiasmo pelo "viver em amor com alguém".

Compartilhar nem sempre é fácil. Mais do que disposição, pode exigir esforço. A construção deste livro é um exemplo disto. Ele é fruto de um desafio colocado por minha filha adolescente ao comentar meu quase compulsivo hábito de ler sobre tudo. "Para que ler tanto, se você guarda tudo para você? Escreva um livro." Quem tem filho sabe que os pais precisam ter sempre a última palavra. Portanto, naquele mesmo dia, dei início ao ensaio que vocês leem agora.

Se agradeço a Mariana por me tirar da zona de conforto e começar a escrever "Vínculos", também devo ser grata a outras pessoas que, de uma forma ou de outra, contribuíram para a realização deste projeto. A Tatiana Lyra, que me pôs em contato com a literatura sobre mulher e trabalho, quando, há dez anos, tive o prazer de orientá-la em sua dissertação de Mestrado na PUC-Rio. A Alyne Lopes, minha aluna na Universidade Estácio de Sá, com quem me debrucei sobre as pesquisas do IBGE, em busca de informações que nos ajudassem a refletir a respeito dos impactos da recente diminuição da taxa de fecundidade sobre a estrutura produtiva no Brasil — tema de seu trabalho de conclusão de curso. A Rogério Valle, meu orientador na COPPE/UFRJ, que há vinte anos vem "contaminando" esta engenheira com o olhar sociológico. A Deonísio da Silva, escritor, filólogo e amigo, que me incentivou a escre-

---

[2] Deonísio da Silva.

ver e, carinhosamente, leu e comentou o original. A minha prima Gláucia, a minha irmã Adriana e a minhas amigas Beatriz e Denise, que tão atenciosamente leram e comentaram este texto. A Gilberto, Abílio e Vladimir, agradeço pela leitura e pela disposição em compartilhar comigo um olhar masculino sobre o casamento. Em especial, agradeço a meu editor Carlos Augusto, que acreditou no projeto e, com sua competência, me ajudou a transformar palavras em livro.

1. Em busca de sentido

> *"Do encontro dos sexos nasceu a cultura. Nesse encontro ela praticou pela primeira vez sua arte criativa da diferenciação. Desde então, nunca mais suspensa, muito menos abandonada, a íntima cooperação da cultura e da natureza em tudo se refere ao sexo."*
>
> Zygmunt Bauman[1]

O que Charles Darwin tem a ver com Leon Tolstói? Com certeza podemos fazer uma lista das semelhanças entre os dois, desde o fato de serem animais racionais até a coincidência de terem publicado, ambos no ano de 1859, livros que tocariam em nossas mais profundas ilusões. Enquanto Darwin, com *A Origem das espécies*, nos retira da posição de únicos herdeiros divinos, Tolstói, no romance *Felicidade conjugal*, questiona o valor do amor romântico.

Como lidar com tamanha desilusão? Não bastava cair do Paraíso? Precisávamos, também, descobrir que somos apenas mais uma entre tantas espécies de seres vivos que evoluem na Terra? Sabemos que somos um pouquinho especiais, que nos tornamos diferentes dos demais ao conquistar o conhecimento sobre o bem e o mal, porém isso não alivia muito a dor do tombo, principalmente quando nos dizem que aquele com quem fomos expulsos do Paraíso não é nossa alma gêmea. Pior ainda: talvez nem exista uma alma gêmea!

---

[1] Zygmunt Baumann. *Amor líquido*. Rio de Janeiro: Zahar, 2004, p. 55.

Sem a cara-metade que nos fora amputada, como preencher o vazio da existência que nos impõe o mundo moderno — industrializado, capitalizado e desencantado? Sentimos, hoje mais do que nunca, o peso da razão. Afinal, viver só por instinto era tão mais fácil! Passamos a nos questionar. Tornamo-nos uma espécie de primata existencialista.

A cultura se desenvolveu e, com ela, a tradição. Por muito tempo, a tradição orientou comportamentos — os quais, se deixados apenas a cargo dos instintos, poderiam ter comprometido nossa sobrevivência. Além de controlar impulsos, a tradição também é responsável por dar sentido a nossa existência. Ela nos diz a que "povo" pertencemos, qual é a nossa "tribo". Contudo, nos últimos duzentos anos, o avanço cultural foi tal que crescemos tanto em número que nos tornamos estranhos. Já não reconhecemos mais o nosso povo, a nossa tribo. A tradição esvaneceu e o mundo desencantou.

Sentimo-nos isolados. E neste isolamento surge a angústia, o mal-estar. Vivemos em aglomerados populacionais, mas nos sentimos irremediavelmente sós. Temos milhares de "amigos" virtuais, mas praticamente nenhum que conheça nossa alma. Quanto mais o conforto econômico aumenta, maior é o desconforto existencial. Buscamos, então, os paliativos[2] que costumávamos usar há milênios, quando o fantasma do isolamento, do vazio, ameaçava nos assombrar: sexo, drogas e festa (*rock and roll* é mais recente!).

Hoje, contudo, nossas alternativas não são tão eficazes. Os riscos à sobrevivência relacionados ao sexo aumentaram muito (doenças se agravam com a densidade populacional).

---

[2] Sobre vícios ao longo da história, ver Erich Fromm. *The Art of Loving*. New York: Harper Perennial, 2006, e Jared Diamond. *O terceiro chimpanzé*. Rio de Janeiro: Record, 2010.

Além disso, o rigor da lei tentando restringir os vícios também é maior hoje, em tempos hipermodernos. As festas, por sua vez, não duram para sempre. No dia seguinte temos que voltar ao trabalho — até mesmo para termos dinheiro para frequentar as festas. O pior é que o próprio trabalho é, em geral, muito pouco criativo, não conseguindo mais preencher nossa necessidade de sentido. E então? Voltamos a procurar nossa "cara-metade"?

A geração de jovens e adolescentes da década de 1970 talvez tenha sido a que vivenciou com mais intensidade os extremos existenciais da modernidade. Altamente "psicologizadas", essas pessoas levaram para a vida privada e afetiva a revolta contra a repressão social. Rejeitando toda norma ou costume como uma ameaça a sua individualidade, esta geração tornou-se, de certo modo, irresponsável. Daí sua dificuldade em criar vínculos duradouros. Daí a altíssima taxa de separações e divórcios e a frequência das aventuras sexuais. Psicólogos e analistas com os consultórios cheios, pertencendo eles próprios a essa geração, não conseguiam aplacar a dor da solidão e da sensação de vazio. Essa geração buscava nas paixões (não no amor, pois este era visto, muitas vezes, como prisão) e nos vícios (o consumo de drogas por jovens da classe média parecia então a norma) sedativos para a angústia. Angústia que só aumentava com a "guerra dos sexos" — que se tornava mais cruel quanto mais se travestia de "paz e amor", com a luta pela igualdade (mas não a equivalência) entre os sexos que invadia a esfera afetiva. Homens e mulheres tornavam-se inimigos e amantes. Não surpreende que tivessem tanta dificuldade em formar famílias funcionais. Eternos adolescentes!

A geração seguinte — os "caras pintadas", jovens do final da década de 1980 — chegou mais responsável e amorosa. Mas nem por isso deixou de ser criticada: "*yuppies* reacionários!" Levavam a vida a sério e trabalhavam muito para ganhar dinheiro. Era difícil para os *hippies* da geração anterior aceitarem que isso também dava sentido à vida — não o dinheiro em si, mas o senso de realização.

Muita coisa mudou no mundo em que os caras pintadas amadureceram: ameaças ecológicas trazendo a "sustentabilidade" como um valor; a AIDS mostrando quanto o sexo casual pode ser inseguro; a internet e a facilidade das viagens aéreas aproximando culturas e pessoas e deixando evidente a diversidade de possibilidades para nossa existência. Essa geração tornou-se mais consciente dos riscos[3] de suas decisões. Afinal, atos têm consequências.

Esses jovens trabalharam, enriqueceram, casaram, tiveram filhos; alguns se separaram, muitos se casaram de novo. E a geração 2000 parece encarar tudo com mais ponderação: existem homens e mulheres, diferentes, mas equivalentes (jamais iguais). Eles se atraem e gostam de ficar juntos. Um complementa o outro, ajudando-se mutuamente. Homens e mulheres estudam — elas, inclusive, um pouco mais[4]. Homens e mulheres trabalham fora, ainda que com níveis de sucesso proporcionais a seus respectivos tempos de dedicação. A casa — com muito menos filhos — ainda é domínio feminino, porém mais por competência cultural e biológica do que por imposição. Os homens estão mais próximos das crianças, fazendo diferença na educação e no desenvolvimento psicossocial dos pequenos.

---

[3] Ulrich Beck. *Risk Society*. London: Sage, 1992.
[4] Segundo o IBGE, censo demográfico de 2010, SIDRA, disponível em: <http://www.sidra.ibge.gov.br>, tab. 3.547, dentre os maiores de 25 anos, 7,2 milhões de mulheres possuem nível superior completo, enquanto apenas 5,3 milhões de homens apresentam o mesmo grau de instrução.

O masculino, uma vez desconstruído[5], parece retornar reformulado. Não mais o macho dominador, mas o homem parceiro. A nova geração não parece mais temer o vínculo conjugal — embora muitos optem por não estabelecê-lo, principalmente se não planejam ter filhos. Homens e mulheres começam a perceber as vantagens da monogamia, mas precisam deixar de lado o sonho romântico da paixão. Amor é compromisso e, como tal, uma questão de decisão: razão superando instinto.

---

[5] Pierre Bourdieu. *A dominação masculina*. Rio de Janeiro: Bertrand Brasil, 2003.

PARTE I

PASSADO

2. Evolução do vínculo conjugal

Por mais que a teoria do gênero defenda que feminino e masculino são criações culturais, cada dia mais a ciência encontra provas de que a biologia tem papel significativo nas diferenças de comportamento entre homens e mulheres. No decorrer deste ensaio, natureza e cultura se entrelaçam para nos ajudar a compreender como esses seres tão diferentes se relacionam, a ponto de — ao contrário de outros grandes mamíferos — fazer emergir uma sociedade tão complexa quanto a humana.

A permanência da espécie humana exige cooperação. Nossos filhotes demoram anos para serem capazes de sobreviver autonomamente. Não é à toa que, conforme uma sociedade se torna mais complexa, mais tempo as crias vivem com os pais. Afinal, são eles os responsáveis pelo aprendizado cultural — aquele que orienta a ação nas, cada vez mais frequentes, situações em que o instinto não é suficiente. Nós — por meio da cultura, aproveitando, porém, a estrutura que a natureza nos concedeu (polegares opositores, cordas vocais que permitem a fala etc.) — construímos uma sociedade baseada no trabalho tão especializado que, mesmo adultos, somos incapazes de prover nosso próprio alimento. Imaginemo-nos sós, em uma ilha deserta, tendo que diferenciar plantas comestíveis das venenosas, pescar, acender o fogo... Cada vez mais precisamos da cooperação entre humanos — homens e mulheres.

É aí que não basta falar em gênero. O sexo é fundamental para a manutenção da cooperação em um grupo social. Em primeiro lugar, a própria reprodução exige que macho e fêmea cooperem. Considerando que, em nosso caso, o filhote é muito indefeso e requer cuidados intensivos durante um bom tempo de sua vida, evoluiu um arranjo que garantia a solução do problema, sem sacrificar a sobrevivência do filhote ou dos pais. O arranjo que emergiu então, baseado nas competências anatômicas e comportamentais dos sexos, consistiu na seguinte divisão de tarefas: a mãe cuida da criança, enquanto o pai garante a segurança e os recursos necessários aos três.

Poderia ter sido diferente? Em tese, sim. Há exemplos de pássaros em que é a fêmea que sai para buscar alimentos, cabendo ao macho chocar os ovos e guardar o ninho. Entretanto, não foi esta a solução adaptativa que evoluiu entre os primatas.

Uma vez que a evolução toma um determinado caminho, uma série de outras adaptações surgem em cascata, definindo o que é ser homem ou mulher. Expostos a diferentes situações e desafios, os nossos cérebros foram diferenciando-se. Atualmente, a neurociência é capaz de apontar como diversas características comportamentais estão diretamente relacionadas ao funcionamento dos cérebros masculino e feminino. Não podemos mais afirmar, simplesmente, que um dado comportamento tenha sido culturalmente construído. Assim, há dez mil anos, já tínhamos nossos papéis reprodutivos e sociais mais ou menos definidos — pelo menos no que diz respeito à escala de tempo em que a evolução biológica opera.

A evolução nos levou a soluções adaptativas muito distintas das dos outros primatas antropoides. Muito se fala a respeito do tamanho de nosso cérebro e da posição relativa entre os dedos polegar e indicador como os trampolins para nossa humanidade. A partir do desenvolvimento da cultura, o instinto foi sendo substituído pelo conhecimento, tornando-nos capazes de escolhas racionais. Transformamo-nos em tomadores de decisão e solucionadores de problemas. Pudemos, assim, avançar sobre domínios para os quais não tínhamos instintos adequados. Mas para quê instinto, quando se tem razão? Aprendemos a voar!

Contudo, há uma adaptação caracteristicamente humana muito pouco mencionada, ainda que tenha sido crítica para a formação de nossa sociabilidade: a predileção pelo sexo às escondidas[1]. Ao contrário dos outros primatas, nossa atividade sexual não se restringe ao período fértil, nem entramos no cio. A ovulação da mulher acontece em segredo. Muitas vezes, nem mesmo ela sabe. A própria ciência demorou até o início do século XX para compreender os mistérios da ovulação.

Mas e daí? O que o comportamento sexual tem a ver com a sociabilidade?

O fato é que, em qualquer cultura, nós humanos vivemos em um sistema social composto de muitos machos e fêmeas adultos. Se por um lado nossos hábitos alimentares exigem esforços coletivos, por outro, a convivência comunitária implica incertezas quanto à paternidade. Entre os gorilas, a presença de um único macho dominante garante a origem da prole daquele harém — e qualquer exceção é tratada com os rigores da lei da selva. Entre os chimpanzés, o problema nem se aplica, já que a poligamia promíscua é

---

[1] Jared Diamond, op. cit.

o padrão dominante, fazendo de todos os machos pais potenciais de todas as crias. Entretanto, são muito custosos os cuidados exigidos para que filhotes humanos sobrevivam até a idade adulta. Isto faz com que a cooperação entre homem e mulher se torne um investimento de longo prazo. O processo de seleção sexual fez evoluir um padrão de organização que protegia os interesses masculinos — ao reduzir o risco de desperdiçar recursos com filhos dos outros — e femininos, ao garantir um parceiro de longo prazo para a árdua tarefa de criar a prole: a monogamia.

De fato, não somos os únicos primatas monogâmicos. Os gibões também o são, porém eles vivem em casais isolados, e não em comunidades populosas como nós vivemos. Ao contrário de gorilas e chimpanzés machos — cujo único recurso que têm a oferecer à prole é o esperma —, os gibões machos, assim como o homem, também são responsáveis pela alimentação e proteção das crias. Mas uma vez desmamadas, elas já podem se virar sozinhas. Os humanos, por outro lado, precisam de esforços cooperativos tanto para a sobrevivência das crias quanto dos adultos. Então, como evitar que o ciúme destrua a coesão social, tal como ocorre entre gorilas e chimpanzés? Afinal, entre os primeiros, a disputa entre machos reduz o bando a um harém; entre os chimpanzés, é comum que machos matem filhotes que não reconheçam, fazendo com que as fêmeas procurem fazer sexo indiscriminadamente para proteger sua prole.

Para resolver esse problema tipicamente humano, a natureza não acabou com o ciúme. Este continua marcado em nosso sistema límbico como registro de nosso passado evolutivo, como discutiremos mais à frente. A solução surgiu com a *separação entre sexo e reprodução*. Não aquela conseguida pelos métodos anticoncepcionais surgidos no século XX e a que tantos atribuem profundas mudanças de costumes, mas a separação advinda da ovulação oculta, da receptividade ininterrupta da mulher ao sexo, e a predileção pelo coito com privacidade.

Se homens e mulheres precisam cooperar entre si na obtenção de recursos para sobrevivência e apoio mútuo para segurança, é preciso que se formem laços de confiança e de reciprocidade. Este equilíbrio, contudo, pode ser abalado por sentimentos de ciúme, o qual está ligado ao desejo sexual. O que as relações sexuais privadas fazem é intensificar o vínculo intracasal, em comparação aos vínculos formados com outros homens e mulheres do grupo. Constrói-se, desta maneira, uma fronteira entre o público e o privado, que informa, tacitamente, o espaço dentro do qual o desejo sexual pode ser manifestado. O sexo privado permite, assim, que o grupo se diferencie internamente, passando-se a reconhecer a formação de casais e de relações de parentesco. Este padrão de conduta leva à possibilidade de complexificação social. O sexo humano, desta forma, deixa de ser apenas um mecanismo de fertilização para se tornar, também, uma conduta social. Nasce a sexualidade humana, com o importante papel de formar vínculos duradouros.

Vínculos de prazer

Se considerarmos a baixa fertilidade humana, a nossa sexualidade deve ter evoluído por outras razões além da mera reprodução. A ovulação oculta torna a concepção uma questão de sorte: são menos de três dias férteis por mês. Mesmo copulando diariamente, a chance de êxito é menor do que uma em dez! Ademais, a alta mortalidade feminina em razão da gravidez ou complicações no parto foi uma constante antes dos avanços médicos do século XX. Assim, além de ser pouco eficiente em relação à probabilidade de concepção, nosso sistema de reprodução também é pouco eficaz, já que gera grande número de órfãos incapazes de sobreviver sem ajuda até a idade reprodutiva. Então, como é possível que a nossa forma de fazer sexo tenha sido a selecionada? Talvez a resposta esteja no prazer[2].

Os demais primatas só copulam movidos por um impulso sexual estimulado pelos sinais de que a fêmea está fértil. Além disso, devido à vulnerabilidade a que se expõem, em meio a predadores prontos a atacar ao menor sinal de desatenção, as cópulas têm a duração mínima necessária à fertilização. Nós humanos, ao contrário, copulamos por prazer e prolongamos o ato ao máximo. Que vantagem evolutiva esta prática nos teria trazido? Seria o prazer capaz de criar vínculos?

A neurociência descobriu nas últimas décadas o que a sabedoria popular já desconfiava há muito tempo: os hormônios fazem uma diferença brutal na forma como percebemos e reagimos à realidade a nossa volta. Até mesmo as diferenças que caracterizam o que é ser homem e o que é ser mulher estão ligadas ao efeito de ondas hormonais modelando nossos cérebros logo após a concepção — quando ainda temos todos cérebros femininos, tenhamos cromossomas XX ou XY[3]. As novas tecnologias de imagem cerebral permitem observar como uma mesma situação ativa áreas distintas do cérebro feminino e do masculino, como uma mesma tarefa desencadeia diferentes circuitos neurais em cada um. Hoje também é possível ver *in vivo* as diferenças anatômicas e funcionais entre os cérebros do homem e da mulher, ajudando-nos a compreender melhor, por exemplo, de onde vem tanta agressividade e objetividade de um, e tanta emoção e articulação

---

[2] Ibidem, p. 88-89.
[3] Louann Brizendine. *The Female Brain*. New York: Broadway Books, 2006.

discursiva da outra. Testosterona, estrogênio e progesterona estão na base dessas diferenças, mas outros hormônios também têm papéis fundamentais na nossa vida a dois.

Parte da resposta à pergunta "por que casamos?" está na química do sexo, nos hormônios produzidos quando homem e mulher se encontram, e nos efeitos que eles provocam no cérebro — e, consequentemente, no comportamento — de cada um.

É tão comum para nós que nascemos após a revolução sexual dos anos 1960 associarmos prazer a sexo que pode causar surpresa o fato dos circuitos neuronais de motivação e recompensa estarem localizados em áreas do cérebro diferentes dos circuitos de interesse sexual. É razoável, porém, que, sendo o instinto sexual comum a todos os vertebrados, ele esteja localizado nas áreas primitivas de nosso cérebro — aquelas que, graças à evolução, são semelhantes, inclusive, ao cérebro dos répteis. O prazer, por outro lado, nasceu com a emoção, quando o cérebro mamífero evoluiu para uma estrutura mais complexa, capaz até mesmo de memorizar e aprender. O amor, contudo, exigiria mais do que um hipotálamo que garantisse os instintos de sobrevivência (dentre os quais está o interesse sexual) e um sistema límbico capaz de memorizar e reforçar sensações prazerosas. O amor, como característica singular humana, requer um neocórtex que compreenda o que é percebido e que oriente a ação, não apenas pelo instinto, mas pela razão. Passando do raciocínio científico para o religioso, percebemos que o mito da gênese humana também serve como interpretação para a gênese do vínculo amoroso: primeiro Deus criou o sexo (hipotálamo) e, a partir deste, criou o prazer, a emoção e a paixão (sistema límbico). Mas então surge a tentação do conhecimento (neocórtex) e, do reconhecimento um do outro em sua diferença original, nasce o amor.

Assim, quando um homem e uma mulher se encontram e se sentem sexualmente atraídos, dopamina e testosterona entram em cena, ativando os circuitos do desejo no hipotálamo e reduzindo a atividade do córtex — o que significa "desligar" o sistema de pensamento crítico. Eles passam a agir como animais. Se por qualquer razão, porém, este casal encontra-se repetidamente e se confirma a atração mútua, novas descargas hormonais passam a atuar sobre os circuitos de recompensa do cérebro, tal qual uma droga. Eles estão apaixonados. E, quando fisicamente separados, ambos exibem sintomas semelhantes a abstinência. De fato, enquanto durar a paixão, eles sofrerão com os altos e baixos do nível de substâncias químicas que lhes dão prazer — não drogas propriamente ditas, mas dopamina e oxitocina — os hormônios que são produzidos na presença do ser amado. Eles estão viciados na paixão. Sabemos, contudo, que este estado emocional dura pouco. Seis a oito meses podem ser adequados para outros mamíferos cujo período de gestação seja menor que o nosso, mas é insuficiente para humanos, principalmente quando são necessários pai e mãe para cuidar do filho. Nossa evolução não poderia depender da paixão. Precisamos de vínculos mais duradouros.

O potencial para formar laços de longa duração está relacionado às partes mais recentes do cérebro, aquelas que estão ligadas ao julgamento crítico, à razão. Enquanto as descargas de dopamina diminuem com o fim da paixão, experiências positivas e mutuamente prazerosas estimulam a produção de oxitocina e vasopressina[4]. Ainda que ambos os hormônios, estejam presentes tanto em homens quanto em mulheres, eles têm mais receptores para a vasopressina, enquanto elas, para a oxitocina. Estes neuro-hormônios

---

[4] Brizendine, op. cit. p. 70-71.

são responsáveis pelo comportamento de ligação social e de cuidado com a prole e não dependem da existência de relação sexual — embora o toque e o orgasmo reforcem sua produção. Desta forma, as três partes do cérebro, bem como o sexo, a paixão e o amor, atuam em conjunto para manter vínculos conjugais duradouros o suficiente para que as crianças humanas cheguem à idade adulta.

Vínculos de apoio

A evolução criou uma estrutura para o cérebro humano que permitiu a nós nos beneficiarmos da cooperação duradoura entre um homem e uma mulher. As vantagens desta ligação — intensificada pelo sexo e pelos hormônios — vão além da criação da prole. Toda a estrutura social é beneficiada pela monogamia, por mais que casos extraconjugais não sejam raros. Os mesmos hormônios que promovem o vínculo entre homem e mulher também são responsáveis por todas as ligações de apoio sem as quais não se sobrevive em uma sociedade complexa.

Imaginemos, em primeiro lugar, a situação — terrivelmente comum — de uma criança recém-nascida, cuja mãe morrera de parto. Sua sorte é que a natureza humana permite que sejam criados vínculos de cuidado entre pai e filho (a rigor, entre qualquer adulto e uma criança). Os mesmos circuitos cerebrais ativados pelo amor entre homem e mulher também são utilizados na construção de vínculos parentais, quando a produção de dopamina, oxitocina e vasopressina é disparada por aquelas coisinhas fofas. Pesquisas[5] mostram que o contato estreito e diário entre o pai e o bebê ativam o córtex pré-frontal — área responsável pelo pensamento e a

---
[5] Brizendine, op. cit., 2010, p. 84-85.

previsão de consequências —, tornando o homem tão competente quanto qualquer mãe no cuidado com o filho. Lembremos que a liberação de vasopressina, o neuro-hormônio responsável pela disposição masculina em defender quem se ama, é estimulada pelo contato físico. Assim, o carinho e o toque são capazes de manter não só o vínculo conjugal, mas também o vínculo pai e filho. Com o passar do tempo e com as repetidas descargas de vasopressina e dopamina, o hipotálamo memoriza, seja pelo cheiro, seja pela aparência, a identidade do ser amado. Cria-se, deste modo, uma preferência duradoura. Os seres amados tornam-se, para sempre, distintos dos demais. Estabelecem-se relações de parentesco, fazendo da família o *locus* primordial de cuidado, de apoio mútuo.

Os laços familiares podem ser atribuídos ao papel da vasopressina em despertar no homem a disposição de cuidar e proteger os que ama. Nesses estariam incluídas as relações entre adultos e crianças, mantidas pelo carinho e pela proximidade, e as relações entre homem e mulher, fortemente reforçadas pelo sexo. Os demais laços sobre os quais se estrutura uma sociedade parecem estar ligados ao gênero, havendo grande diferença na maneira como vínculos entre mulheres e vínculos entre homens são estabelecidos.

Detentoras de um cérebro cuja área da linguagem é mais desenvolvida que nos homens, as mulheres tendem a se ligar umas às outras por meio da comunicação verbal. A intimidade gerada na troca de segredos, ou mesmo na fofoca, provoca uma forte descarga de dopamina e oxitocina (só inferior ao orgasmo). O vínculo entre amigas, construído principalmente sobre a linguagem, ativa os centros de prazer no cérebro e reduz o nível de estresse, além de favorecer uma rede de apoio mútuo que transpassa a família.

Os homens, ao contrário, têm suas faculdades comunicativas e o interesse em socializar comprometidos pela intensa produção de testosterona a partir da puberdade. Para eles, provar-se capaz de ser independente é o maior desafio. Enquanto as mulheres precisam estar em grupo para se sentirem seguras, os homens precisam provar que são capazes de dominar. Afinal, de sua posição na hierarquia social depende sua habilidade para prover e proteger sua família. Assim, a relação entre homens é marinada em testosterona e os vínculos entre eles se estabelecem por meio de competições, de atividades físicas e de implicância — que seria o equivalente feminino da intimidade.

Podemos interpretar a estrutura social da seguinte forma. 1) Relações entre crianças e adultos: influenciadas pelos hormônios oxitocina e vasopressina, que são estimulados pelo carinho, pelo tato; são assimétricas no sentido do cuidado. 2) Relações (amorosas) entre homem e mulher: influenciadas pelos hormônios testosterona, oxitocina e vasopressina, que são estimulados pelo carinho e pelo contato sexual; são relativamente simétricas no sentido de cuidado e apoio. 3) Relações entre mulheres: influenciadas pela oxitocina, estimulada pela comunicação verbal; tendem a ser cooperativas. 4) Relações entre homens: influenciadas pela testosterona, estimulada por disputas (materiais ou verbais); tendem a ser competitivas.

A oxitocina é o hormônio relacionado ao cuidado, ao apoio, ao serviço ao outro, à intimidade. Ela está presente em todos os tipos de vínculos que envolvem mulheres. Quando, porém, além da intimidade também há prazer sexual, a descarga extra de dopamina reforça ainda mais a intimidade. Isto faz com que o vínculo entre parceiros sexuais (casal) seja mais forte do que os demais vínculos sociais. E como intimidade sem sexo só se consegue, em geral, de mulher para mulher (pela semelhança dos seus cérebros ávidos por conversa), e a intimidade com sexo requer repetição (pois o orgasmo dura pouco), então, tende a surgir um arranjo social em que os vínculos mais fortes são 1) casal, 2) amigos do mesmo sexo, 3) conhecidos do sexo oposto. Assim, os neuro-hormônios estabilizam a sociedade monogâmica.

Esta é a estrutura que a natureza nos concedeu. Mas desde que caímos do Paraíso, cabe a nós decidir o que fazer com ela. Nossa cultura é construída a cada escolha que fazemos de como usar os recursos biológicos de que dispomos. A evolução biológica, depois de milhões de anos, nos deu uma anatomia e uma fisiologia que nos impelem a certos comportamentos; ao passo que a evolução cultural, em pouquíssimas centenas de anos, nos faz questionar as escolhas induzidas por nossos hormônios. Passamos a buscar sentido na existência e a criar vínculos sobre novas bases, mas não conseguimos apagar a influência de nossa identidade biológica — aquela que nos aproxima, em mais de 98,4% dos genes, dos chimpanzés. E se sexo é instinto e amor é razão[6], vale observar como ambos têm sido dosados no vínculo conjugal ao longo da história.

Vínculos conjugais

Desde que nos tornamos humanos, nossos hormônios atuam sobre nosso corpo e nosso cérebro diferenciando o que é ser homem e o que é ser mulher. Ao mesmo tempo, porém, essa diferença nos estimula a ficar juntos. Homem e mulher se atraem. É mais do que um instinto puramente sexual. Homem e mulher se complementam e, juntos, formam a unidade básica do grupo social — sem o qual a

---

[6] Henri Bergson. *A evolução criadora*. São Paulo: Martins Fontes, 2005, p. 107-201, e Erich Fromm, op. cit., parecem concordar a este respeito.

sobrevivência individual (e, consequentemente, da espécie) seria impossível. Oxitocina e vasopressina nos fazem querer permanecer unidos, reforçando nossos vínculos. Entretanto, para esses hormônios funcionarem em nosso cérebro despertando a vontade que leva à decisão do compromisso mútuo, é preciso haver contato entre os corpos. O tato é fundamental. É a proximidade levando à intimidade que renova o vínculo. Não é à toa que ao longo de toda a história da civilização houve uniões econômicas e políticas seladas pelo casamento, e não simplesmente por um contrato de sociedade. O vínculo conjugal é muito mais forte que qualquer vínculo jurídico, uma vez que ele se estabelece sobre laços afetivos, sobre laços de sangue. O contrato nupcial não gera sócios, mas sim parentes.

Testosterona e estrogênio, nossos hormônios sexuais, também influenciam a forma como o organismo social funciona. A começar pelo casal. A avaliação de risco de homens e mulheres difere fortemente em função da quantidade de testosterona no sangue[7]. O mesmo, porém no sentido inverso, acontece com a habilidade linguística. Assim, a coragem masculina e o domínio feminino da linguagem permitem que novos espaços e situações sejam desbravadas, e o conhecimento adquirido nessas experiências pode ser transmitido para outros indivíduos e outras gerações, criando mais conhecimento e viabilizando novos desbravamentos. A humanidade avança, portanto, com o emprego conjunto e cooperativo de inclinações e talentos característicos do homem e da mulher. O evento fundador da civilização é, sob esta perspectiva, o encontro dos sexos.

A forma como natureza e cultura se entrelaçam no encontro entre homem e mulher vai se transformando ao

---

[7] Brizendine, op. cit., 2006.

longo das eras. Compreender a evolução do vínculo conjugal significa ter consciência do papel cultural desempenhado pelas atividades de produção e reprodução, uma vez que disso depende o tipo de relação entre homem e mulher e a qualidade da sociedade que daí emerge.

Os vários exemplos[8] colecionados por historiadores e arqueólogos nos levam a perceber um padrão comum: sociedades menos hierárquicas e mais pacíficas, com maior desenvolvimento cultural, tanto no sentido de expressões artísticas quanto de tecnologias de produção para o sustento da vida, tendem a ser sexualmente igualitárias. A reprodução e o sexo ocorrem em relações simétricas e razoavelmente afetivas. Por outro lado, a dominação masculina, tanto pública quanto privada, parece estar relacionada a sociedades hierárquicas e belicosas, em que predominam tecnologias voltadas para a destruição. Nestas, a reprodução e o sexo estão comumente associados à violência. Portanto, é possível traçar a evolução do vínculo conjugal ao longo da história tomando como referência os modelos de organização social.

---

[8] Ver Riane Eisler. *O cálice e a espada*. Rio de Janeiro: Imago, 1989; Friedrich Engels. *A origem da família, da propriedade privada e do estado*. Lisboa: Edições Avante, 1985; Bill Bryson. *Em casa: uma breve história da vida doméstica*. São Paulo: Companhia das Letras, 2011, e Steve Olson. *A história da humanidade*. Rio de Janeiro: Campus, 2003.

3. Da selva à civilização

Durante milhões de anos a evolução biológica operou para formar a base natural sobre a qual o *Homo sapiens* desenvolveria a cultura. Nossa trajetória cultural, entretanto, mais se parece com uma pista de motocross do que com uma autoestrada plana e bem asfaltada. Desde que nos diferenciamos dos demais primatas, nossos modos de vida variaram significativamente, em resposta às diversas condições ambientais com que nos defrontávamos. As adaptações que desenvolvemos foram possíveis graças ao nosso enorme cérebro e à capacidade cognitiva que ele nos propiciou. Devemos lembrar, contudo, que nosso comportamento, por mais racional que seja, sempre fora influenciado por nossas restrições e inclinações biológicas. Ao longo da história humana observamos períodos de intensa atividade criativa interrompidos por outros de grande violência e estagnação cultural. Tais períodos tiveram durações variadas e ocorreram em diferentes circunstâncias. Ainda assim, é possível notar que os padrões de organização social e de modo de vida estão intimamente relacionados à forma como homem e mulher interagem e, por conseguinte, no tipo de vínculo conjugal predominante.

Em fins do século XIX, dois anos após a morte de Darwin — autor de *A origem das espécies*, Engels escrevia sobre a origem da família[1]. A síntese apresentada em sua obra, baseada nas pesquisas do historiador Lewis Morgan, ainda serve de referência nos dias de hoje e pode ser enriquecida com o conhecimento arqueológico e antropológico dos dias atuais. Seguindo esta perspectiva, o vínculo conjugal foi se transformando, conforme a humanidade avançava da selvageria à barbárie, a caminho da civilização.

Selvagens: filhos da mãe

Há milênios, quando ainda vivíamos em comunidades de baixa densidade populacional, nossa organização social era pouco diferenciada internamente, exibindo, portanto, baixa complexidade cultural. Embora houvesse divisão de tarefas entre homens e mulheres — baseada fundamentalmente na inegável fragilidade do corpo feminino durante as gestações —, os bandos seriam socialmente igualitários. Considerando que as atividades cotidianas eram voltadas para a subsistência, e que grande parte delas faziam parte das atribuições femininas, é possível que tenha havido, até mesmo, uma certa superioridade feminina. Os achados arqueológicos do período neolítico[2], como a presença de inúmeras peças em pedra ou cerâmica com imagens femininas e a inexistência de expressões artísticas retratando batalhas ou escravos, indicam uma valorização dos atributos relacionados à maternidade — representado pelo culto à Deusa —, em detrimento a valores de dominação.

---

[1] Engels, op cit.
[2] Ver Eisler, op. cit, Bryson, op.cit., Olson, op. cit., ou Diamond, op. cit.

Do ponto de vista material, a produção era comunitária, porém os artefatos necessários às atividades de cada sexo pertenciam a cada um, isto é, se caçar é uma atividade masculina, as lanças e arcos eram de propriedade dos homens que as usavam. Por sua vez, se o preparo de alimentos era tarefa feminina, os utensílios utilizados pertenciam às mulheres. Ao morrer, uma mulher passava seus potes para suas filhas, enquanto um homem deixava suas armas como herança para os filhos de sua irmã[3]. Como ocorre até hoje em algumas culturas primitivas, a genealogia dessas sociedades era matrilinear.

A herança traçada a partir da mãe é justificada em razão da impossibilidade de certeza sobre a paternidade. O vínculo conjugal nessas sociedades selvagens tomaria a forma de "casamento em grupo": todos os homens (salvo restrições, tais como o tabu do incesto) seriam, potencialmente, casados com todas as mulheres da tribo. Como consequência, todas as crianças de uma mesma geração são filhas (ou sobrinhas) de todos os indivíduos da geração anterior. Este arranjo faz do cuidado com as crianças uma responsabilidade comunitária.

Uma vez que as relações sexuais são praticamente livres e o cuidado com a prole independe da paternidade, podemos assumir que as tribos selvagens já usufruíam da separação entre sexo e reprodução tão alardeada na modernidade avançada, mesmo não dispondo da pílula anticoncepcional. Podíamos, então, seguir nossos instintos sexuais sem comprometer as chances de nossa prole vingar até a idade adulta?

Nem tanto. Os grupos sociais que estabeleceram a regra de evitar o sexo consanguíneo se desenvolveram melhor

---

[3] Situação inferida com base nos estudos antropológicos sobre sistemas de parentesco (vestígio fóssil de como a família já fora um dia).

do que os que permitiam a promiscuidade. Mais saudáveis, suas crianças tiveram mais chance de sobrevivência e, ao chegarem à idade adulta, reproduziram as normas culturais que restringiam a procura de parceiros sexuais. Em paralelo, a seletividade sexual reforçou os laços de parentesco, contribuindo para o fortalecimento da cooperação mútua. Da mesma forma, indivíduos pertencentes a um clã contavam com mais proteção e mais recursos para a sobrevivência do que indivíduos isolados. Por funcionarem melhor — no sentido de favorecerem a sobrevivência dos seus membros e por estes, por sua vez, transmitirem seus valores para as gerações seguintes — as sociedades mais diferenciadas internamente, com uma organização baseada na capacidade de apoio do clã, predominaram na história humana. Os bandos indiferenciados, praticantes do sexo livre, tornaram-se apenas uma alegoria ancestral. Seria nossa memória do Paraíso?

Bárbaros: em nome do pai

Uma série de transformações, não só econômicas e sociais, mas também psicológicas, operando ao longo dos milênios, reduziram a tal ponto o conjunto dos parceiros sexuais aceitáveis que restaria apenas o casal monogâmico — e, em casos de homens no topo da hierarquia social, o harém.

Talvez o principal sinal de adaptabilidade de uma sociedade seja seu grau de diferenciação interna: quanto é estruturada em famílias e clãs; quanto seu sistema de produção é organizado em atividades especializadas. Nossa saída da selvageria se deu quando nossos arranjos sociais se tornaram tão adaptativos que fomos capazes de superar o esforço diário pela subsistência. Nossas tribos aperfeiçoaram tanto suas habilidades técnicas que foram capazes de produzir excedentes. Se por um lado a maior produtividade aumentou a oferta de alimentos, por outro tornou sua distribuição uma questão de exercício de poder — inclusive entre os sexos.

Tradicionalmente, cabia ao homem prover os recursos para a subsistência, e à mulher, processá-los, transformando-os em cuidado para a sobrevivência. Em sociedades de subsistência, prover e cuidar tendem a ser equivalentes em termos de valor — o que tornava a mulher um ser respeitável. Ainda que ao homem coubesse também o trabalho de guerrear para garantir a segurança da tribo, mantinha-se a simetria em relação à mulher. A ela cabia dar a vida, e a ele, preservar a vida.

O desenvolvimento cultural trouxe avanços tanto para a esfera das atividades masculinas, com técnicas e ferramentas, quanto para a esfera feminina, em que se destaca a linguagem. Entretanto, enquanto a melhora da comunicação permite, por exemplo, trocar conhecimentos sobre os efeitos curativos de uma erva ou entender melhor as necessidades de uma criança, e assim favorece o bem-estar e a saúde da família, o aperfeiçoamento técnico, por sua vez, aumenta a produção de excedentes que favorece quem os produziu. Em outras palavras: o beneficiário da melhoria de eficiência das atividades da mulher é a família, mas o beneficiário no caso das atividades do homem é o próprio homem. É como se o homem produzisse bens, cujo excedente ele pode acumular, e como se a mulher prestasse serviços, que não podem ser estocados. Eis que com o progresso técnico a partir da Idade do Bronze (2000 a.C.), os homens se tornam mais poderosos que as mulheres. A sociedade se torna fortemente hierárquica e os homens ocupam todas as posições de prestígio, mesmo aquelas tradicionalmente femininas, tais como sacerdotisas e escribas[4].

---

[4] Eisler, op. cit., p. 131.

A mudança ocorreu, em um primeiro momento, no trabalho fora de casa, principalmente no pastoreio — grande gerador de excedente com um mínimo de esforço. A atividade doméstica permanecia igual, enquanto a pública gerava riqueza e poder, pois, como sempre fora, se as mulheres detinham a posse de todo aparato doméstico, os homens possuíam tudo que dissesse respeito a seu trabalho[5]. Logo, era razoável que, se aos homens pertencia o gado que eles domesticaram, também aos homens pertencia tudo que este gado produzisse. Os homens tornaram-se, então, poderosos. E para que a tecnologia de produção evoluísse para tecnologia de dominação foi um pulo. Passaram a fazer a guerra não mais para a proteção, mas para conseguirem escravos para pastorear seu gado. Uma vez que escravos (e escravas) existiam, por que não utilizá-los também no trabalho doméstico? Então, com a escravatura, o homem estendia seu domínio do pasto até a casa, tornando o vínculo conjugal mais uma forma de propriedade.

Ao gerar excedentes de produção para o comércio, o trabalho masculino eficiente introduziu uma marcada desigualdade entre classes e entre os sexos. Homens que conseguiam vencer na competição com os demais tornavam-se poderosos — verdadeiros "machos alfa" capazes de monopolizar recursos produtivos e reprodutivos. Quanto mais poderoso, maior o número de escravos e maior o tamanho de seu harém. Aos vencidos — os tantos "machos beta" que, por serem da mesma tribo, escaparam da escravidão — restava uma vida de servidão e, muitas vezes, humilhação. Todas as suas posses, desde a rústica roupa que vestia[6] até a mulher que conseguisse para si, deveriam ser compartilha-

---

[5] Engels, op. cit, p. 67-68.
[6] Bryson, op. cit, p. 66.

das com o seu senhor, se este assim desejasse. Haja vista a tradição do "direito à primeira noite"[7] que se manteve durante a Idade Média em muitas partes da Europa como um vestígio das práticas dos invasores bárbaros.

A partir do momento que a riqueza passa à propriedade exclusiva do homem, a herança feminina deixa de fazer sentido — afinal, a mulher não teria nada de tão valioso para deixar para seus herdeiros. Contudo, para que um homem reconheça o direito de um filho a seu patrimônio, deve haver garantias da paternidade. É neste contexto que a genealogia matrilinear se transforma em patrilinear e, ao mesmo tempo que se impõe o nome do pai, o corpo da mãe é subjugado. Em tempos bárbaros, a poligamia dos homens poderosos se completa pela monogamia violentamente vigiada das mulheres. E aos homens inferiores, cuja capacidade de acumular e de prover é fortemente restrita, restam as mulheres igualmente inferiores, cujos atrativos não foram suficientes para merecer a atenção, e a dominação, dos poderosos. Entre essa classe de gente humilde — e humilhada — a monogamia se estabelece, ainda que polvilhada de episódios extraconjugais. E uma vez que se estabelece o padrão de uso do sexo como demonstração de força e virilidade, a brutalidade na relação entre homem e mulher tende a se desdobrar por toda a hierarquia, do senhor mais rico ao serviçal mais miserável. Mulheres são reduzidas a instrumentos de afirmação da masculinidade. Quando muito, algumas mulheres são recompensadas se seus filhos ganham o direito ao nome do pai.

A importância do pai para o sucesso da prole é fundamental. Portanto, fazer qualquer coisa para ter um vínculo

---

[7] *Jus primae noctis* — Direito que o senhor tinha de gozar a noite de núpcias com a mulher de um vassalo, roubando deste o privilégio de desvirginá-la.

duradouro com alguém que possa sustentar e proteger seu filho está inscrito em nossa história genética — é uma aptidão que "justifica" a escolha de tantas mulheres ao se submeterem a polígamos dominadores. Ainda que o contexto sociocultural tenha mudado e que muitas mulheres já não dependam tanto de um homem, nossas emoções permanecem imutáveis por inúmeras gerações. E são essas mesmas emoções que tornam a mulher afável e carinhosa, disposta a agradar e a retribuir a atenção do homem. São por conta dessas emoções ancestrais que, mesmo sem ser cobrada, a mulher assume o papel de esposa, acolhendo e amando seu homem. A manutenção das relações sexuais, mesmo sem a possibilidade de concepção, desenvolve vínculos de amizade e afinidade.

Civilizados: individualistas

Séculos se passaram e a herança histórica de dominação masculina foi passada da barbárie à civilização. Neste processo, entretanto, houve a seleção dos arranjos sociais mais adaptativos à nova circunstância. Populações mais densas e sedentárias, interligadas por sistemas produtivos complexos, tendem a se diferenciar internamente, gerando sociedades estratificadas, porém sofisticadamente especializadas. Entre povos civilizados, não é tão fácil identificar senhores absolutos, uma vez que cresce a variedade de líderes em áreas específicas. Abre-se espaço para maior número de "machos alfa", embora reduza-se seu poderio individual. Torna-se cada vez mais difícil manter haréns, uma vez que consomem uma grande quantidade de recursos que poderiam ser investidos em atividades geradoras de riqueza. Ademais, a poligamia mostra-se mal adaptativa, principalmente, quando o grande número de herdeiros que chegam a idade adulta pulveriza o patrimônio. Deve-se lembrar que o processo civilizatório está relacionado ao desenvolvimento da civilidade e da redução da taxa de mortalidade que esta implica. Paz e higiene são grandes responsáveis por aumentar a chance de bebês sobreviverem a seus pais.

O desenvolvimento econômico reforça a importância da escolha consciente dos laços sociais, uma vez que deles depende o apoio necessário ao sucesso. Uma vez que nenhum laço é mais forte que o de sangue, a habilidade para criar parentes de valor torna-se crítica em sociedades populosas em que as redes de solidariedade são cada vez mais restritas. Fora o nascimento, a única forma de estabelecer consanguinidade é o matrimônio. E assim o "casamento arranjado" torna-se endêmico em civilizações de todas as regiões do globo. Apesar de frequentemente justificado por interesses econômicos, a monogamia tornou-se um traço característicos dos povos civilizados, prevalecendo mesmo entre indivíduos dos estratos sociais mais baixos, os quais não teriam que se preocupar com patrimônio ou herança. Presume-se que, ainda que nestes casos haja maior incidência de divórcio, ainda assim, o casamento monogâmico, arranjado ou não, emerge como norma social reforçada por sua capacidade de promover a qualidade de vida dos indivíduos[8].

O vínculo conjugal ganha ainda maior importância conforme a civilização inaugura a Idade Moderna e vê predominar a família nuclear sobre a família estendida. A globalização desde o século XVI aproxima culturas e desnuda a diversidade de modos de vida. O capitalismo contribui

---

[8] Muitas são as pesquisas que apontam a relação entre o casamento e uma série de indicadores de bem-estar (principalmente masculino), tais como expectativa de vida, menor tendência a depressão, sucesso econômico etc. Sobre isso, ver Susan Maushart. *Profissão: esposa*. São Paulo: Melhoramentos, 2007.

para gerar variedade, acelerar o desenvolvimento tecnológico e desafiar o pensamento filosófico. Todas essas transformações têm como efeito diluir a tradição que sempre orientou os comportamentos e as escolhas, fazendo nascer um indivíduo autônomo, livre para escolher um sentido para sua existência. O problema é que trezentos anos de individualismo não se equiparam a dez mil anos de conduta orientada pela autoridade da tradição. É um desafio muito grande para uma única pessoa. É preciso alguém para nos acompanhar nessa jornada heroica, atuando como mentor. E é isso que o vínculo conjugal propicia: alguém especial que nos acompanha pela maior parte de nossa vida; alguém com quem compartilhamos nossa história; alguém que conhece nossos medos e que nos lembra de nossa coragem. Não mais podendo contar com o apoio da tribo, do clã ou da família estendida, principalmente após a Revolução Industrial e a aceleração do processo de urbanização, os parceiros — marido e mulher — assumem, de forma complementar, a responsabilidade pela satisfação das necessidades de proteção, nutrição e aconchego emocional. Tanta demanda expõe as fragilidades do vínculo conjugal. E tão logo o divórcio passa a ser socialmente aceito, após a segunda metade do século XX, alguns casamentos não resistirão às expectativas e frustrações de indivíduos tão exigentes.

    O perfil da civilização muito se alterou nesta modernidade avançada[9] em que vivemos. Tantas são as mudanças que deveria surgir um outro nome para designar o presente estágio do processo civilizatório. Testemunhamos hoje o nascimento do "sujeito", o surgimento de relações mais

---

[9] Também "alta modernidade" ou "modernidade reflexiva", para Ulrich Beck; Anthony Giddens; Scott Lash. *Modernização Reflexiva*. São Paulo: Editora Unesp, 1997.

simétricas entre homem e mulher, bem como a supervalorização da privacidade. Em uma época em que o sucesso econômico, tanto de homens quanto de mulheres, depende mais da educação e da competência profissional de cada indivíduo do que da riqueza e poder da família, qual é a função do vínculo conjugal? A evolução é como um processo meritocrático que reconhece (e preserva) a existência de formas que funcionam. Para que o casamento continue existindo, ele tem que se mostrar adaptativo no contexto presente. Se não há mais "conveniência" que justifique se casar (pelo menos idealmente), o que levaria um homem e uma mulher, por livre escolha, a estabelecer — e honrar — um contrato por meio do qual se comprometem a cuidar-se mutuamente, até que a velhice tenha-lhes roubado todo o encanto? Haverá futuro para a monogamia como vínculo duradouro entre iguais, quando dobramos nossa expectativa de vida e quando não mais desejamos procriar?

❖❖❖

Selvageria, barbárie e civilização não devem ser vistas como estágios de desenvolvimento da sociedade humana, mas sim como modelos que predominam em diferentes momentos e locais, nem sempre em suas formas puras. No entanto, tais padrões nos podem ser úteis como modo de interpretar fenômenos complexos e refletir sobre nossa trajetória. Desta forma, enquanto o vínculo conjugal característico da selvageria é o "casamento em grupo", e o da barbárie é a "poligamia para os fortes", na civilização, o vínculo que mostrou funcionar melhor foi a monogamia. O desafio de garantir a sobrevivência da prole — que foi a grande pressão evolutiva que nos fez humanos — passou do cuidado comunitário dos selvagens para o cuidado das mães bárbaras (auxiliadas mutuamente e por suas escravas) e, daí, para o cuidado da família nuclear civilizada (à qual se agregam avós, tias e empregadas domésticas). Por mais profundas que tenham sido as transformações nos últimos dez mil anos, a provisão de recursos permaneceu como responsabilidade masculina, e a promoção do bem-estar de crianças, homens e velhos continuou definindo a identidade da mulher como cuidadora.

Tal divisão sexual do trabalho tem suas raízes em nossa evolução biológica, que tornou os cérebros (e, por conseguinte, os comportamentos) de homens e mulheres mais adaptados aos papéis, respectivamente, de provedor e de cuidadora. Nossas práticas de socialização, porém, têm servido de reforço a esses estereótipos, inculcando a crença em uma rigidez de papéis que não é confirmada pela biologia. Ainda que a ciência nos comprove que um homem pode cuidar tão bem de um bebê quanto uma mulher, desde que tenham contato intenso[10], as diversas culturas estabelecem os mais sofisticados mecanismos para manter bem separadas as esferas femininas das masculinas. Exemplos são encontrados tanto em sociedades tribais quanto em sociedades industriais como a inglesa, cujos meninos das classes mais abastadas são mandados, aos nove anos, para internatos de grande prestígio. A escola é o local onde, vivendo afastados da mãe e das irmãs desde tenra idade, aprenderão a ser homens, aplacando o vazio existencial em companhia de outros meninos. A modernidade avançada, contudo, parece começar a testar as fronteiras entre o masculino e o feminino. Meninos e meninas, cada vez mais, são colegas de escola, alterando a visão que um terá do outro quando chegarem ao mercado de trabalho — também cada vez mais habitado por mulheres.

---

[10] Brizendine, op. cit., 2010, p. 82-85.

Há duzentos anos as mulheres lutam por igualdade sem saberem ao certo que preço pagam por rejeitarem as idiossincrasias de seu sexo. O paradoxo da alta modernidade é que a cultura nos diz que somos iguais, enquanto a biologia continua fazendo pulsar nossa diferença. Resta a nós fazermos emergir uma nova síntese que seja capaz de resgatar a força do encontro[11] entre homem e mulher, sem o qual não haveria humanidade.

---

[11] Nas palavras de Bauman, op. cit. p. 55, "...o encontro dos sexos é o terreno em que a natureza e a cultura se deparam uma com a outra pela primeira vez".

4. Poder e procriação

Quando observamos a trajetória do vínculo conjugal percebemos que, por mais que tenhamos nos diferenciado dos outros mamíferos, nosso desenvolvimento cultural não apagou por completo nossas raízes animais. No que diz respeito à relação entre os sexos, continuamos (quase) tão motivados por poder e procriação quanto um leão. Nas mais variadas sociedades, do passado e do presente, por mais que variem em estilo, os homens estão sempre buscando oportunidades para exibir sua virilidade, desafiando outros homens em todo tipo de competição e provando quem está no topo. Tal como leoas em torno do "rei da selva", por mais que as feministas prefiram negar, as mulheres reforçam a disputa dos homens, premiando os mais poderosos — aqueles que teriam mais competência como provedores. Não adianta. É mais forte do que nossa vontade racional. Nossa biologia foi modelada através de milhões de anos para que, como espécie, tivéssemos a maior chance possível de sobrevivência. Os instintos que permitiram este feito são aqueles que contribuem para a eficiência reprodutiva: busca por indivíduos férteis e por poder, já que este último significa maior acesso a recursos necessários à sobrevivência da prole até sua própria idade reprodutiva. Portanto, não se deve estranhar que durante a maior parte da história da civilização os casamentos tenham servido para reforçar estruturas de poder, por meio da procriação com paternidade reconhecida.

A forma, porém, como poder e procriação se entrelaçam sugere uma certa correlação com a forma de vida de uma sociedade. As condições da existência nômade implicam maiores desafios físicos e, portanto, mais habilidades sensoriais e motoras, quando comparadas à vida sedentária. Entre populações assentadas, é comum que indivíduos, mesmo que fisicamente debilitados, seja por inaptidão ou por idade, ocupem posições de grande prestígio social e econômico. Contudo, por mais inteligentes e sagazes que sejam, dificilmente essas pessoas seriam poderosas em uma tribo nômade. É certo que muitos povos nômades respeitam seus anciãos. Afinal, eles detêm o repertório de conhecimento tradicional indispensável à sobrevivência. Na hierarquia de poder, porém, os velhos sábios estão abaixo do líder jovem e viril. Saber acender uma fogueira é importante, mas aguentar caminhar dezenas de quilômetros a passos rápidos carregando peso é muito mais importante. Em um mundo nômade, os mais poderosos são os que têm agilidade e força. São aqueles que conseguem correr do perigo ou lutar, se preciso for. Em um mundo nômade, o corpo está sempre banhado em adrenalina — o hormônio que sinaliza o momento de fugir ou lutar —, mas também em testosterona. Sabe-se que a atividade física (e sexual) estimula a produção deste hormônio que é responsável tanto pelo acúmulo de massa muscular quanto pela ação sobre circuitos cerebrais relacionados a comportamentos agressivos e à impulsividade sexual[1]. Só falta um

---

[1] Brizendine, op. cit., 2010, p. 124

ingrediente para completar a receita para a dominação masculina: uma mulher fraca e com dificuldade de mobilidade, por passar a maior parte da vida carregando dez quilos extras, na barriga ou no colo.

Quando o contexto em que vivíamos beneficiava homens viris e truculentos, o que as mulheres poderiam fazer para se defender? Elas não detinham as competências adequadas para dominar em um ambiente em que força física, agressividade e mobilidade eram valorizadas. Seu aparato biológico não ajudava. Se não estivesse grávida, estava amamentando ou sangrando. Qualquer das alternativas levava à deficiência de ferro, responsável por um cansaço extremo, desânimo e passividade. A única arma que a evolução deu à mulher foi um cérebro capaz de reconhecer sutilezas nas expressões de um rosto ou no tom de voz, e hormônios que podiam transformar o ato sexual em mais um episódio de uma longa cadeia de intimidade e prazer. A mulher era capaz de se fazer especial para um homem. Quanto mais hábil fosse em selecionar um homem, mais chance teria de conseguir, para si e sua prole, alimento, abrigo e proteção. A ironia é que, em geral, os melhores provedores são os homens mais poderosos e, portanto, os mais dominadores. Assim, a adaptabilidade feminina fortaleceu a dominação masculina.

Ao longo dos séculos, o nomadismo foi impondo sua cultura de poder. Os curgos que invadiram a Europa há 7.000 anos e, mais tarde, os hititas no Crescente Fértil, os dórios em Creta e os hebreus na Palestina, todos esses povos impunham um modelo dominador de organização social[2], em que a violência era uma constante. Assim como ocorreria com as invasões bárbaras sobre o Império

---

[2] Eisler, op. cit., p. 74-92.

Romano, as várias ondas de nômades devastavam sociedades culturalmente mais complexas, com artes, tecnologias e instituições bem desenvolvidas. Afinal, como bem sabem as mulheres, quase sempre a política sucumbe à força bruta.

Entretanto, bárbaros também gostam de coisa boa. E como conjectura Kant[3] a respeito do encontro entre povos nômades e sedentários,

> Com o tempo, o luxo crescente dos habitantes da cidade, em especial a arte de agradar, graças à qual as mulheres citadinas ofuscaram as sórdidas moças do deserto, foi um poderoso estímulo para aqueles pastores (Gênesis, 6:2) unirem-se a essa gente, incorporando-se, dessa forma, à brilhante miséria da cidade. Com esse cruzamento de duas raças inimigas, cessa o perigo da guerra e, ao mesmo tempo, cessa a liberdade, ou seja, temos o despotismo de poderosos tiranos, no qual, com uma cultura apenas incipiente, a suntuosidade sem alma da mais abjeta escravidão mescla-se a todos os vícios do estado de rudeza.

Vale lembrar que, como ocidentais, somos herdeiros desses povos errantes que nos deixaram, entre outras marcas culturais, uma religião que reafirma a centralidade do poder e da procriação e que valoriza a força em detrimento da razão. Conhecimento — já que é autônomo, não aceita dominação — torna-se pecado. A mulher, representada por Eva, é castigada por pretender conhecer. É subjugada sexualmente, tendo que sentir as dores do parto imposto pelo homem. O poder masculino se manifesta pela procria-

---

[3] Immanuel Kant. *Começo conjectural da história humana*. São Paulo: Editora Unesp, 2010, p. 34.

ção, cujas dores são infligidas na tentativa de desencorajar a mulher a seguir a razão.

Até hoje há vestígios do longo tempo durante o qual a mulher jovem foi estigmatizada como estúpida e a mulher inteligente era perseguida como uma "velha bruxa". Dentre os povos civilizados, desde a Antiguidade, a fraqueza e a irracionalidade femininas são utilizadas como justificativa para a autoridade masculina, restringindo a liberdade da mulher de ir e vir e, em muitos casos até recentemente, o direito de possuir propriedade. Apesar de restringir a autonomia da mulher à esfera do lar, supondo a casa como um ambiente controlado e protegido, o homem sempre temeu "a perigosa sabedoria das velhas esposas"[4]. A intensa e íntima conversação entre as mulheres sempre suscitou curiosidade e ansiedade nos homens que percebiam seu potencial ameaçador à estabilidade do poderio masculino. Como defesa, a estratégia do dominador é enfraquecer a adversária e colocar em dúvida sua integridade, não só intelectual quanto moral. Nada melhor, para isso, do que submetê-la ao casamento tão logo entre na puberdade. De um lado, evita-se que a noiva perca valor econômico, diminuindo o risco de que seja desvirginada antes da hora. Por outro, ao serem jogadas precocemente na vida adulta, muitas com menos de 12 anos, essas meninas contribuem para manter a fama de burras, de irracionais, quando na verdade são apenas esposas propositalmente imaturas. Como se não bastasse, gestações consecutivas tomam todo o tempo da mulher, fazendo-a incompetente para tratar de qualquer assunto que não esteja dentro dos limites da maternidade.

---

[4] Jacques Le Goff. *The Medieval World*. London: Collins & Brown, 1990, p. 306.

O poderio masculino é reforçado ainda mais afastando-se o menino da mãe antes da puberdade, de forma a socializá-lo em um ambiente com valores estritamente masculinos. Segundo esta perspectiva, não é a mulher quem cria o machista, como argumentam alguns conservadores. O machista é criado por homens que privam o menino do convívio com mulheres "direitas", evitando que desenvolvam qualquer apreço por figuras femininas. Fazendo com que meninos e adolescentes só tenham contato com "desclassificadas", prostitutas, escravas e serviçais — ou, em outras palavras, mulheres "que não merecem consideração" —, eles reproduzirão com mais desenvoltura o comportamento violento de dominação sexual.

É difícil não notar semelhança entre as condições materiais de existência nos desertos do Oriente Médio e da África, onde predominam culturas nômades (mesmo que muitos desses povos já tenham hábitos sedentários), e no sertão brasileiro. A biografia de uma somali conta a respeito da vida de sua avó, nos desertos da Somália, na década de 1930[5]:

> Artan tinha nove filhas e uma esposa jovem. Era sumamente importante preservar a honra de todas essas mulheres. Ele as conservava bem longe dos outros nômades, passando semanas a errar em busca de um lugar com pasto e sem homens. [...] De certo modo, ela vivia na Idade do Ferro. Não havia sistema de escrita entre os nômades. Os artefatos de metal eram raros e valiosos.

A mesma escritora descreve a situação de uma jovem africana nômade vivendo sozinha na Península Arábica da década de 1950[6]:

---

[5] Ayaan Hirsi Ali. *Infiel*. São Paulo: Companhia das Letras, 2012, p. 21.
[6] Ibidem, p. 24.

Minha mãe não tinha protetor em Áden — nem pai nem irmão. Os homens a cortejavam e a assediavam na rua. Ela passou a usar véu, como as mulheres árabes que, para sair de casa, se envolviam em um comprido pano preto, deixando apenas uma fresta para os olhos.

Como não lembrar da burca muçulmana quando se lê a descrição da historiadora[7] a respeito da vida conjugal no sertão nordestino, na fronteira entre os séculos XIX e XX?

> [...], mulher casada passava a se vestir de preto, não se perfumava mais, não mais amarrava seus cabelos com laços ou fitas, não comprava vestidos novos. Sua função era ser "mulher casada" para ser vista só por seu marido. Como esposa, seu valor perante a sociedade estava diretamente ligado à "honestidade" expressa em seu recato, pelo exercício de suas funções no lar e pelos numerosos filhos que daria ao marido.

Essas descrições denunciam a dificuldade que machos da espécie humana têm em controlar seus instintos sexuais, não conseguindo se comportar como homens. Originalmente, a rudeza da vida nômade poderia até explicar uma sobrecarga de testosterona, a qual levaria a impulsos não contidos por regras de conduta social. Porém, como justificar que o estupro indiscriminado e a violência ocorrem em centros urbanos modernos e entre populações sedentárias que usufruem do conforto e das comodidades da era industrial? Que socialização é essa que impõe à mulher os mais diversos tipos de cinto de castidade, materiais e morais? Mas poderia ser diferente?

---

[7] Mary Del Priore. *História do amor no Brasil*. São Paulo: Contexto, 2011a, p. 145-146.

Provavelmente não — ao menos enquanto a força predominar sobre a inteligência como indicador de aptidão. É impressionante o potencial da seleção sexual. O gosto da fêmea fez com que o pavão tivesse uma cauda linda e imensa, apesar de seu alto custo de manutenção. Neste caso, a estética predominou sobre a eficiência, pois uma bela e dispendiosa cauda é um ótimo indicador de que um dado indivíduo, além de ter bons genes, é capaz de obter recursos em grande quantidade. Da mesma forma, no momento em que as mulheres passassem a escolher homens doces e inteligentes, em vez dos fortões, a virilidade tenderia a desaparecer entre os homens e, após alguns milhares de anos, a humanidade se tornaria andrógina.

Em um certo sentido, foi isso que aconteceu. E de forma muito acelerada, já que a mudança foi decorrente mais da seleção cultural do que sexual. O paradoxo é que a evolução cultural tem avançado, como veremos, no sentido de homens menos dominadores, porém o ritmo da evolução biológica nos mantém presos a corpos que funcionam como o de Gengis Khan.

Através de um complexo de mudanças culturais ocorridas no Ocidente, os últimos dois séculos têm testemunhado uma profunda transformação na relação entre homem e mulher. O poder masculino começa a se fragilizar quando enfraquecem as fronteiras entre as esferas de convivialidade femininas e masculinas. Primeiro, o nomadismo cede terreno ao sedentarismo, depois, com o crescimento dos centros urbanos, proliferam os espaços compartilhados entre homens e mulheres. A maneira como o poder masculino se impõe na ruralidade do Nordeste — onde a vida mantém, até hoje, traços nômades —, é bem diferente da maneira como ele o faz nos grandes centros urbanos do Sudeste. Comentários de observadores estrangeiros ilustram como, já no início do século XIX, a dominação masculina urbana era mais branda que no sertão do século XX.

> [...] quando o brasileiro volta da rua, reencontra no lar uma esposa submissa, que ele trata como criança mimada, trazendo-lhes vestidos, joias e enfeites de toda espécie; mas essa mulher não é por ele associada nem aos seus negócios, nem às suas preocupações, nem aos seus pensamentos. *É uma boneca, que ele enfeita eventualmente e que, na realidade, não passa da primeira escrava da casa, embora o brasileiro do Rio de Janeiro nunca seja brutal e exerça seu despotismo de uma maneira quase branda.*[8]

> Havia um alto nível de violência nas relações conjugais no sertão. Não só violência física, na forma de surras e açoites, mas a violência do abandono, do desprezo, do malquerer. Os fatores econômicos e políticos que estavam envolvidos na escolha matrimonial deixavam pouco espaço para que afinidade sexual ou o afeto tivessem peso relevante nessa decisão.[9]

Poderíamos arriscar dizer que em um mundo sedentário — e, principalmente, urbano —, há mais oportunidade de homem e mulher andarem de mãos dadas, se abraçarem, se afagarem e se olharem nos olhos. Todas essas ações estimulam a produção de oxitocina[10] — o hormônio que inunda o nosso cérebro de vontade de ficar junto, de cuidar, de proteger, melhorando a satisfação com a relação. De qualquer forma, porém, é fato que a vida na cidade promove muito

---
[8] Ibidem, p. 153, citando observação da professora francesa Adèle Toussaint-Samson.
[9] Ibidem, p. 145-146.
[10] Brizendine, op. cit., 2010, p. 126.

mais oportunidades para o encontro e para a convivência entre homens e mulheres.

Espaços de produção se aproximam dos espaços domésticos. No passado as pastagens onde os *homens do clã* passavam a maior parte de seu tempo eram distantes dos acampamentos onde as *mulheres do clã* os aguardavam. Conforme a vida sedentária foi predominando, os campos de cultivo em que os *homens da família* trabalhavam tornaram-se mais próximos da casa da fazenda, em que as *mulheres da família* fiavam, costuravam e cozinhavam. A vida tornou-se mais complexa e especializada, surgindo cidades e ofícios. Com oficinas funcionando dentro da própria casa, o *locus* de atuação masculina penetrou no espaço de atividades femininas. A aproximação entre as esferas masculina e feminina torna-se mais intensa a partir do momento em que a indústria coloca homens e mulheres estranhos sob o mesmo teto. Agora eles não pertencem mais ao mesmo clã nem à mesma família. Não há mais qualquer proteção da tradição que impeça o contato entre os sexos. Contudo, a expressão do impulso sexual é prejudicial à eficiência industrial. Precisa ser refreado. Homens e mulheres devem aprender a se comportar no ambiente de trabalho.

Parece que os homens tiveram alguma dificuldade para se "comportar" em meio a tantas mulheres a serem "dominadas". No final do século XIX, as mulheres representavam 76%[11] da força de trabalho nas fábricas brasileiras. A elas cabiam as ocupações menos especializadas e mais braçais, enquanto os homens ficavam com as funções bem remuneradas de concepção e supervisão. Em outras palavras, à

---

[11] Margareth Rago. "Trabalho feminino e sexualidade". In: Del Priore, Mary (Org.). *História das mulheres no Brasil*. São Paulo: Editora Contexto, 2011, p. 582.

minoria masculina restavam as funções de poder. Mesmo quando, após a Primeira Guerra Mundial, a chegada de imigrantes aumentou a proporção de homens operários, o exercício do poder dos chefes homens sobre as mulheres subalternas era marcado pelo assédio sexual. Documentos históricos ilustram como era esta relação no cotidiano das fábricas na década de 1910[12]:

> Mestre Claudio fechava as moças no escritório para forçá-las à prática sexual. Muitas moças foram prostituídas por aquele canalha. Chegava a aplicar punições de dez a quinze dias pelas menores faltas, e até sem faltas, para forçar as moças a ceder a seus intentos.

Não é de se estranhar que um ambiente de trabalho assim seja considerado uma ameaça à honra feminina. Enquanto, no mundo do trabalho, o homem continuava apimentando a relação de poder com sexo, a crescente classe média da década de 1950[13] não media esforços para afastar suas filhas das fábricas, dos escritórios ou de qualquer outro lugar em que corressem o risco de perder a virgindade — isto é, seu passaporte para o casamento e para uma vida digna. Afinal, prendam as cabritas, pois os bodes estão soltos!

Em meados do século XX, sexo e poder ainda eram uma combinação infalível na dominação dos homens sobre as mulheres. Presa ao lar para proteção de sua honra, a mulher da década de 1950 testemunhava o acelerado declínio do prestígio de suas competências. De que vale saber

---

[12] Depoimento de uma operária da fábrica têxtil Bangu, durante a Primeira Guerra, retirado de Edgar Rodrigues, *Alvorada operária: os congressos operários no Brasil*. Rio de Janeiro: Mundo Livre, 1979, apud ibidem, p. 584.

[13] Segundo Rago, op. cit., p. 582, em 1950, a representação feminina na força de trabalho cai de 76% (em 1872) para 23%.

costurar, se as confecções oferecem os modelos mais variados de roupas, a um custo mais baixo? De que vale saber manter a roupa impecavelmente branca, se a máquina de lavar faz isso sozinha? De que vale saber cozinhar, se inventaram o *freezer* e o micro-ondas? A desvalorização do trabalho doméstico, iniciada com a introdução dos escravos, aumentou ainda mais com a industrialização. A introdução de aparatos que poupam trabalho esvaziou as tarefas domésticas de seu valor intrínseco, de seu saber, de seu conteúdo. O trabalho de manutenção do lar tornou-se tarefa rotineira para a qual não é necessária quase qualquer competência ou habilidade, reforçando a fama da mulher como ser menos racional que o homem. A valorização do trabalho assalariado em detrimento do não assalariado, de acordo com a lógica capitalista, acentua a distância entre a esfera púbica, onde o primeiro é realizado, e a esfera privada, onde se estabelecem relações de dependência com o provedor — detentor de poder econômico.

Contudo, o mesmo capitalismo industrial que, em um primeiro momento, reforça as bases de dominação masculina, vem acompanhado de transformações sociais que alteram significativamente a relação entre homem e mulher estabelecida há milênios. A segunda metade do século XX trouxe três novidades que impactam diretamente o binômio poder/procriação sobre o qual se baseou, durante tanto tempo, o convívio entre os sexos. São elas: *a importância do capital financeiro, a educação feminina* (mais do que o trabalho feminino) *e o teste genético de paternidade* (talvez mais do que a pílula).

Ao contrário da aristocracia agrária que dominou até o século XIX e das elites industriais que a substituíram no século seguinte, a hierarquia de *status* na alta modernidade não é determinada ao nascimento. A riqueza associada ao capital financeiro nos dias de hoje é estabelecida pela livre escolha. A posição e o poder de um indivíduo são continuamente negociados ao longo de sua história pessoal, sendo a qualidade de suas decisões o fator crítico para o sucesso. Não basta dizer que a riqueza mudou de mãos — como é costume se referir à transição do poder econômico dos grandes proprietários rurais para a burguesia industrial. No cenário atual da economia, em que, muitas vezes, o virtual vale mais que o material, a riqueza troca de mãos inúmeras vezes, em uma mesma geração. E para participar desta dinâmica não é preciso ter sobrenome importante nem herdar patrimônio. A nova elite se faz pelo conhecimento, pela educação. Em uma época em que tecnologia e informação são tão valorizadas, forma-se uma elite profissional que não reconhece as velhas estruturas de poder e não respeita os meios de influência tradicionais. Esta elite valoriza o esforço e reconhece o mérito. Esses profissionais não vendem sua força de trabalho, mas investem sua competência em gerar valor. Uma vez que a origem do poder se desloca da força física (e da capacidade de fazer os outros obedecerem) para a competência intelectual (e para a habilidade de convencer), abre-se espaço para que seja disputado tanto por homens quanto por mulheres. Os únicos requisitos passam a ser, então, competência, que é adquirida com a educação, e disponibilidade. Este último requisito é o que ainda tem mantido as mulheres em posição de relativa desvantagem em relação à carreira profissional. Em geral, seja qual for a sociedade, as tarefas domésticas e de cuidados com crianças e idosos são de responsabilidade das mulheres. Mesmo que não as execute pessoalmente, cabe às mulheres organizar sua realização. Assim, a chamada "dupla jornada", a qual grande parte das mulheres profissionais conhece bem, tende a limitar o acesso feminino às posições de maior poder.

Ainda assim, vale lembrar que é a primeira vez na história escrita que tantas mulheres detêm tanto poder. É a primeira vez que tantas mulheres podem ser independentes de um homem, seja pai ou marido[14]. Tamanha revolução aconteceu há apenas cinquenta anos! Nada teria mudado, contudo, se não fosse a ampliação do sistema educacional, incorporando parcelas crescentes da população, tanto masculina quanto feminina.

A expansão do ensino universitário iniciada, no Brasil, na década de 1970 pode ser vista como um ponto de ruptura no tradicional padrão de relações entre homem e mulher. O convívio em sala de aula fez com que cada vez mais os homens questionassem se, de fato, "as mulheres eram menos racionais". Afinal, segundo estatísticas oficiais, em 2009[15], 17% das mulheres e 16,1% dos homens nas regiões metropolitanas tinham nível superior, completo ou incompleto. Além disso, 65% das famílias com filhos até 14 anos, tanto o marido quanto a mulher trabalhavam fora[16]. Ao que parece, a prática social tem tornado as relações entre homem e mulher mais simétricas — ao menos nos meios mais instruídos. Tal mudança se reflete, também, na esfera da reprodução.

---

[14] Marcia Agostinho e Alyne Lopes. "Reprodução e produção reflexiva: números de um Brasil menos fecundo". Bento Gonçalves: Anais do ENEGEP, 2012, mostram que, nas atividades econômicas em que há maior demanda por escolaridade, a participação feminina é equivalente à masculina.

[15] DIEESE. "Anuário das mulheres brasileiras". São Paulo: DIEESE, 2011. Disponível em: <http://portal.mte.gov.br/data/files/8A7C816A31B027B80131B40586FA0B89/anuarioMulheresBrasileiras2011.pdf>

[16] IBGE. "Síntese de indicadores sociais: Uma análise das condições de vida da população brasileira". Rio de Janeiro: IBGE, 2010, p. 187. Disponível em: <http://www.ibge.gov.br/home/estatistica/populacao/condicaodevida/indicadoresminimos/sinteseindicsociais2010/SIS_2010.pdf>

Até pouco tempo atrás, o fantasma que justificava, ao menos na mente masculina, o controle sobre a liberdade feminina era o risco de uma gravidez fora do casamento e a desonra da família. Hoje, a gravidez, tanto ilegítima quanto legítima, apavora também as mulheres. Isso porque um filho restringe sua liberdade e a torna menos disponível para o trabalho, que poderia trazer-lhe independência e prosperidade econômica. Além disso, ao contrário da vida rural ou do início da industrialização, quando ter uma prole numerosa era a esperança de ter mais braços para o sustento da família, hoje um filho está associado mais a custos do que a receitas. Cresce o número de casais que não querem ter filhos e mais mulheres solteiras projetam suas vidas em torno da carreira. De posse de uma variedade de métodos contraceptivos, os homens estão se unindo às mulheres no esforço de evitar a gravidez. Pesquisas realizadas com homens da classe média paulistana, todos com curso superior[17], mostram que a tão propalada pílula é utilizada pelas parceiras de apenas 6 dos 40 entrevistados, enquanto o preservativo é utilizado por 15 delas. A vasectomia, outro método contraceptivo masculino, também apareceu como alternativa tão procurada quanto a pílula — 6 dos entrevistados haviam feito a cirurgia e mais 11 alegaram pretender fazer. Tal fenômeno contradiz resultados de pesquisas com mulheres de extratos sociais diversos[18], que apontam a pílula como o método mais usado — 22,1%, contra apenas 15% na pesquisa com homens de classe média,

---

[17] Oliveira, M. et al. "Homens e anticoncepção: um estudo sobre duas gerações masculinas das 'camadas médias' paulistas". In: Miranda-Ribeiro, P. e Simão, A. (Orgs.). *Qualificando os números: estudos sobre saúde sexual e reprodutiva no Brasil*. Demografia em debate, v. 2, Belo Horizonte: ABEP; UNFPA, 2008, p. 275-312. Disponível em: <http://www.abep.nepo.unicamp.br/docs/ebooks/Demografia_em_Debate/Demografia_em_Debate_Volume2.pdf>
[18] DIEESE, op. cit.

enquanto o preservativo e a vasectomia seriam empregados em apenas 12,9% e 3,3%, respectivamente — contra 37,5% e 15% (ou 42,5%, consideradas também intenções de futura vasectomização), segundo os homens de classe média.

A aparente inconsistência entre as duas pesquisas desaparece quando lembramos que uma inclui diversos extratos da sociedade brasileira, que todos sabemos ser bastante heterogênea, e a outra focou exclusivamente indivíduos de classe média, com nível superior completo. Entre estes, prevaleceram o emprego de métodos que pressupõem uma decisão compartilhada com suas parceiras. Seria este um sinal do nascimento de uma paternidade responsável? Poderíamos considerar que, nas camadas sociais mais intelectualizadas, os homens teriam mais oportunidades de convivência com mulheres com o mesmo nível de escolaridade, fazendo com que as vejam como semelhantes? Desde pequenos, meninos e meninas fazem parte de um mesmo grupo: assistem a aulas juntos, brincam juntos, passeiam juntos, namoram sem compromisso de casar, enfim, compartilham uma convivência íntima. E quanto mais educadas essas crianças são, mais elas reconhecem que o principal fator de sucesso na vida é também o que mais há em comum entre meninos e meninas: a inteligência. Conforme diminui o peso da diferença biológica para a divisão de papéis entre os gêneros, homens e mulheres percebem que têm interesses comuns. Hoje, indivíduos educados e bem informados têm acesso a recursos (inclusive tecnológicos) para que o ato de ter filhos seja um projeto, uma decisão racional. Mais ainda, pela primeira vez na história, há meios para que um homem tenha certeza sobre sua condição de pai biológico. A invenção do *teste genético de paternidade* alterou o equilíbrio de poder entre macho e fêmea, conferindo ao homem uma possibilidade que era exclusiva da mulher: saber que um filho é seu.

Assim, a alta modernidade vê ruir todos os argumentos para a dominação masculina. A valorização do trabalho intelectual sobre o braçal, combinada com um acelerado processo de escolarização feminina, tira do homem sua vantagem original: a força física. Tendo comprovado sua competência intelectual, as mulheres se tornam atraentes ao mercado de trabalho — o primeiro passo para sua independência! De posse de meios para gerenciar sua reprodução (com ou sem a participação de um homem), as mulheres passam a ter menos filhos[19]. E menos filhos significa mais disponibilidade para investir na carreira profissional. Como resultado, essas mulheres acumulam mais recursos para criar seus (um ou dois) filhos — os quais não precisarão contar com a herança, de um pai poderoso. Mas e quanto aquelas que, tendo ou não capacidade de se tornar independentes, optam por se dedicar ao cuidado dos filhos e da família em tempo integral? Bem, os filhos dessas contam não só com a herança, mas também com o pagamento de pensão do pai, sob a proteção da lei. E se o homem tem dúvidas quanto à fidelidade da mulher, não é necessário prendê-la na torre, fazê-la usar um cinto de castidade ou vestir uma burca para ter tranquilidade quando chegar mais um bebê em casa. Se ela aparecer grávida, ele poderá simplesmente usar a tecnologia genética para decidir se acolhe o herdeiro ou bane o bastardo.

Sem o peso do poder e da procriação constrangendo a relação entre homem e mulher, que espaço o amor e o sexo ocupam em um casamento?

---

[19] Segundo dados do IBGE, "Síntese de indicadores sociais: Uma análise das condições de vida da população brasileira", op. cit., em 2009 a taxa de fecundidade brasileira era de 1,94 filhos por mulher — significativamente inferior a da década de 1950, que girava em torno de 6 filhos por mulher.

5. Amor e sexo

Muitos podem argumentar que casamento por amor é uma novidade; que durante a maior parte da história prevaleceu o casamento arranjado ou o casamento por interesse. Ainda que tudo isso seja verdade, o amor sempre existiu. Ele faz parte da história humana. E como tal, não é raro que o amor — assim como o sexo — esteja presente mesmo nas uniões por interesse. Em culturas em que o casamento é decidido pela família, acredita-se que o amor surge com a convivência. Como isso seria possível? Amor não é uma sensação vertiginosa que nos arrebata por acaso e nos inebria, nos rouba a razão?

Erich Fromm, autor do clássico *A arte de amar,* assume exatamente o contrário. Não haveria amor sem a razão, pois, sendo uma *arte,* amar "*exige conhecimento e esforço*"[1]. A escolha do objeto de amor é uma questão diferente da faculdade de amar. O ser amado pode ter sido escolhido pelos familiares ou por um impulso irracional — do tipo "amor à primeira vista"; entretanto, a decisão de amar e

---
[1] Fromm, op. cit, p. 1.

o compromisso renovado diariamente de se esforçar para amar aquela pessoa cabem exclusivamente ao indivíduo. Segundo esta perspectiva, amar se aprende. Desde criança.

Qual a importância do amor? Por que nós humanos teríamos evoluído esta capacidade? Em termos práticos, ele nos tira da solidão; ele nos coloca em cooperação com outros — com os quais nos alimentamos e nos protegemos —, sem os quais não sobreviveríamos. Em termos existenciais, ele nos tira da solidão; ele nos coloca em união com o outro — com o qual lidamos com a nossa ansiedade na busca por sentido —, sem o qual morreríamos. Pelo amor, alimentamos e protegemos nosso corpo e nossa alma. Na união amorosa damos continuidade a nossa existência humana, ao mesmo tempo instintiva e racional. Fromm define o amor como "a resposta madura para o problema da existência"[2], diferenciando-o de qualquer outra forma de união simbiótica — na qual se vive junto, em dependência mútua. Portanto, *o amor maduro* é o tipo de união que preserva as individualidades. Um seria capaz de viver sem o outro, mas eles vivem melhor unidos. O amor alavanca seus potenciais individuais. O amor faz crescer.

O amor que uma mãe e um pai têm por um filho forma arquétipos fundadores de nossa humanidade. A mãe cuida do filho e o ama por sua *natureza*. A criança percebe que é amada, simplesmente, porque *é*, pela sua identidade. O amor materno é incondicional. O pai, por sua vez, guia. Ele mostra o caminho no mundo, na *cultura*. A criança percebe que o pai a ama porque preenche suas expectativas, porque *age* adequadamente. O amor paterno é meritocrático. Ambos os padrões tornam-se parte da consciência do indivíduo maduro, tornando-o seguro para agir no mundo. Enquanto

---

[2] Fromm, op. cit. p. 17.

o primeiro garante a *segurança ontológica*[3], o segundo o impele para o mundo, para a realização. Enquanto o primeiro desenvolve a confiança, o segundo faz desenvolver sua competência.

O amor erótico maduro funciona como uma síntese desses dois arquétipos. O amante ama o ser amado pelo que ele é e pelo que ele faz — pelo complexo de idiossincrasias e ações que tornam aquele ser um indivíduo especial aos seus olhos. O amor erótico está entre o descompromissado amor fraterno e o incondicional amor parental. Ao transformar dois estranhos em parentes, o amor erótico revela sua face responsável, aquela que faz com que os amantes cuidem um do outro como se compartilhassem o mesmo sangue. O suporte e a cooperação conseguidos por indivíduos ligados por este tipo de amor lhes proporcionam maior preparo para encarar desafios. Além de aumentarem suas chances de sobreviver, homens e mulheres capazes de amar procriaram, gerando filhos genética e culturalmente adaptados ao amor. Assim, o amor — no sentido da predisposição para criar vínculos duradouros, de fundir-se com outra pessoa, apoiando-se mutuamente — tornou-se parte da natureza humana, tanto quanto a monogamia.

Eis aqui um aspecto que distingue o amor erótico dos demais tipos de amor. Ele é exclusivo. Uma mãe e um pai podem amar todos os seus filhos. Uma pessoa pode ter amor fraterno por todos os seus irmãos e amigos. O amor erótico, ao contrário, é extremamente seletivo. Uma vez que implica fusão com o ser amado (ainda que suas individualidades sejam preservadas), o amor erótico cria um *vínculo*

---

[3] Segundo Anthony Giddens. *Modernidade e identidade*. Rio de Janeiro: Zahar, 2002, p. 223, *segurança ontológica* significa o "sentido de continuidade e ordem nos eventos, inclusive daqueles que não estão dentro do ambiente perceptual imediato do indivíduo".

diferencial. Afinal, somos capazes de nos fundir intensa e completamente apenas com uma pessoa, pois o amor erótico implica "comprometimento total em todos os aspectos da vida"[4]. A pessoa que amo é especial! Eu estou nela. Ela não é mais um estranho como os outros. Tornamo-nos *íntimos*.

Aí vem o paradoxo. O que mais queremos é intimidade[5], mas quando a conseguimos, saímos em busca de um novo estranho para nos tornarmos íntimos. Parece que somos mais movidos pela conquista do que pela própria intimidade. Isso ocorre porque, muitas vezes, a intimidade é estabelecida pelo contato sexual. E uma vez que o desejo diminui, presumimos que a intimidade também acabou, que a fusão inicial se desfez, ou que ela talvez nunca tenha ocorrido de fato. Talvez tenhamos escolhido a pessoa errada.

O *desejo sexual*, ainda que seja elemento fundamental do amor erótico, não pode ser tomado como seu indicador. Como previne Erich Fromm[6], "parece que o desejo sexual pode facilmente se misturar com e ser estimulado por qualquer emoção forte, dos quais o amor é apenas uma". A *força da emoção* não pode ser considerada prova de amor, já que "amar alguém não é apenas um sentimento forte — é uma decisão, é um julgamento, é uma promessa"[7]. Ao contrário do desejo e da emoção, para os quais somos passivos ("inundados de desejo"; "arrebatados pela emoção"; "enlouquecidos pela paixão"), a vontade é o principal elemento

---

[4] Fromm, op. cit., p. 51.
[5] Viktor Frankl. *Man's Search for Meaning*. Boston: Beacon Press, 2006; Miriam Goldenberg. *Por que homens e mulheres traem?* Rio de Janeiro: Bestbolso, 2010; e Gilberto Velho. *Subjetividade e sociedade: uma experiência de geração*. Rio de Janeiro: Zahar, 2002, comentam este fato.
[6] Fromm, op. cit., p. 50.
[7] Ibidem, p. 52.

do amor. É a vontade, a escolha racional que fazem do amor maduro uma *ação* — e não uma paixão.

> Inveja, ciúme, ambição, qualquer tipo de cobiça são paixões; amor é uma ação, a prática de um poder humano, o qual pode ser praticado somente em liberdade e nunca como resultado de uma compulsão.[8]

Mas por que decidimos amar uma pessoa e não outra? Por que ela nos parece especial? Por que ela se destaca da multidão? Que meios temos para avaliar as características que tornam alguém único? Que garantias podemos ter de que aquela é a escolha certa?

Certamente nunca teremos consciência total da razão por trás de nossa escolha, muito menos poderemos ter garantia de que foi *a* escolha certa. Aliás, haveria uma única solução, uma única alma gêmea? Ou estaríamos a todo tempo correndo o risco de encontrar alguém adequado o suficiente para nos completar, para preencher nosso vazio?

Muitas das razões pelas quais *decidimos* amar alguém estão ligadas a características somente percebidas por nosso aparato instintivo. Um jeito de olhar. A maneira de morder o lábio quando está nervoso. A gargalhada. O cheiro. A voz. Pequenos detalhes, aparentemente insignificantes, têm correlação com importantes aspectos genéticos relacionados a saúde, fertilidade, liderança, altruísmo, entre outros; características que tornam um potencial parceiro mais interessante que outro. Quando uma série de traços começa a nos agradar sem que sejamos capazes de formular qualquer explicação racional, diz-se que sentimos *atração sexual*.

---
[8] Ibidem, p. 20-21.

A atração sexual funciona como um filtro que seleciona os melhores genes[9]. Homens buscam corpos femininos com aparência de fertilidade. Mulheres se sentem atraídas pelo cheiro do homem cujo sistema imunológico é complementar[10] ao seu, garantindo bebês mais resistentes. (O abraço, inclusive, teria evoluído graças ao fato de colocar o homem ao alcance do olfato feminino.) Enfim, a evolução providenciou capacidades seletivas para que nós humanos pudéssemos identificar não só parceiros férteis, fortes e saudáveis, mas também com disposição para assumir *responsabilidade*, isto é, nossos instintos também podem indicar parceiros *capazes de amar*. Sem a capacidade de se comunicar e cooperar, nossa espécie não teria perdurado. Assim, nos diferenciamos dos demais primatas a partir do instante em que o altruísmo e o domínio da linguagem tornaram-se critérios preponderantes para a escolha de parceiros. Filhos de homens responsáveis e dispostos a doar esforços e recursos (bons provedores) têm mais chances de sobreviver até a idade reprodutiva. O mesmo ocorre com filhos de mulheres inteligentes, capazes de compreender as necessidades da criança e de desenvolver estratégias para atendê-las. Sendo tais características relacionadas ao cérebro, e sendo este um órgão cuja estrutura e funcionamento são manifestações de genes que são passados de geração em geração, logo a inteligência (habilidade para conseguir recursos) e a disposição para a *responsabilidade* (disposição para cuidar e compartilhar recursos) passam a predominar a cada geração.

Uma vez que os parceiros tenham passado pelo crivo da atratividade sexual, é preciso avaliar como os dois funcionam

---

[9] Joe Quirk. *Espermatozoides são de homens, óvulos são de mulheres*. Rio de Janeiro: Rocco, 2009, p. 125.
[10] Ibidem, p. 124

na convivência mútua. É neste momento que o namoro se mostra importante. Esse início de relacionamento serve para testar quanto aquela pessoa pela qual nos sentimos atraídos pode nos completar. Serve para verificar se, de fato, temos vontade de assumir o compromisso de amar.

O casamento arranjado, por não passar pelo processo seletivo da atração sexual nem do namoro, pode garantir bons "recursos", mas não necessariamente bons genes. Em outras palavras, escolher um parceiro por meio exclusivamente racional pode comprometer a chance de que possa haver a fusão entre os dois indivíduos. Ainda que o casal tenha satisfação sexual e que funcione bem como "equipe", criando uma família ajustada e próspera, é possível que eles não se amem eroticamente — que não preencham o vazio individual — ou que não tenham filhos tão saudáveis como se gostaria[11].

Entretanto, o casamento por amor também não está livre do risco de problemas. Imaginemos que os parceiros sentiram-se atraídos sexualmente e o prazer do encontro promoveu um namoro entre os dois. Com o convívio, perceberam que eram especiais um para o outro, já que sentiam uma forte emoção quando estavam juntos e se importavam com o bem-estar do outro. Se este casal, porém, não decidir pelo compromisso mútuo, pelo esforço diário de cuidar, de se responsabilizar, de respeitar e de conhecer um ao outro, não haverá amor. O relacionamento poderá terminar tão logo passe a paixão, ou assim que um deles não consiga mais suportar o vazio existencial e procure outra pessoa.

Por ser uma ação — e não uma paixão —, por implicar uma decisão de se comprometer, o amor erótico funciona como o amor incondicional, dando a segurança necessária

---

[11] Por exemplo, doenças genéticas relacionadas à endogamia.

para o outro. Contudo, a angústia de estar com alguém que não se compromete, que não nos faz sentir amados, pode ser pior do que a solidão. Daí a importância de sermos capazes de selecionar parceiros inclinados a assumir vínculos duradouros. Uma vez que haja o potencial[12], o convívio íntimo e sexual é capaz de reforçar os laços de amor.

Como destaca Helen Fisher[13], "o amor pode durar [...]. Mas você tem que escolher o parceiro certo". E como saber se encontramos a pessoa certa? Afinal, podemos nos sentir atraídos por muitas pessoas na vida, porém poucas nos levarão a um amor duradouro. Uma escolha tão importante, que envolve inúmeros critérios de difícil ponderação, não deveria ficar a cargo somente da razão. A natureza, durante milhões de anos de evolução, nos preparou um instrumento muito mais eficiente para lidar com problemas tão complexos: o instinto. Em poucos minutos nossos instintos são capazes de apontar se um potencial parceiro tem chance ou não de ser certo para nós. Não significa que, entre 7 bilhões de seres humanos, haja apenas uma cara-metade destinada a nos completar. Mas certamente é bem menor o número de alternativas que nos permitam construir vínculos duradouros, ao mesmo tempo sexuais, conjugais e parentais. Em meio às centenas de indivíduos que cruzam nosso caminho, poucos o fazem no momento certo, em que ambos estejam disponíveis. Da mesma forma, poucos são os que compartilham atributos capazes de tornar o casal "funcionalmente" viável[14]: proximidade geográfica, semelhanças étnicas

---

[12] Inclusive genético, haja vista o gene para receptores de vasopressina.
[13] Helen Fisher. *Por que ele? Por que ela?* Rio de Janeiro: Rocco, 2010, p. 259. Fisher é antropóloga e tem pesquisado o amor romântico e suas ligações com a biologia do cérebro.
[14] Atributos que psicólogos observam estar relacionados à formação de casais apaixonados. Ver ibidem, p. 18

e socioeconômicas e similaridades no nível de educação, inteligência e atratividade física. Menos ainda são aqueles capazes de estimular nossa vontade de permanecer junto, de assumir e renovar continuamente o compromisso de ser um casal.

Uma vez que alguém tenha sido avaliado como um "bom partido", o que o tornaria especial? Em outras palavras, o que o diferencia de outros tantos "bons partidos" que possamos racionalmente identificar? Costumamos dizer que é a "personalidade", aquilo que não podemos descrever com precisão, mas que torna certos indivíduos repulsivos e outros encantadores. A personalidade é composta pelo *caráter* — traços construídos através das experiências de vida — e pelo *temperamento* — tendências herdadas biologicamente[15]. Enquanto o caráter de uma pessoa pode ser inferido a partir de sua biografia, de suas atitudes, de suas realizações e de suas reações, o temperamento requer a presença para ser apreendido. Um jeito de olhar, uma maneira de sorrir, o tom de voz, o gesto de mexer nos cabelos são traços dificilmente descritos e, portanto, dificilmente captados a distância. Para identificá-los, ainda não foi inventado nada melhor do que o instinto.

Os avanços da neurociência e das técnicas de imagem cerebral revelam quanto os padrões de comportamento e, consequentemente, o temperamento estão relacionados à fisiologia desse órgão e, portanto, ao repertório genético de cada um. "Somos os cartazes de nossas tendências genéticas."[16] E nosso instinto é a lente que permite enxergá-las. Tanto o temperamento quanto o sistema imunológico estão ligados às capacidades genéticas do indivíduo, e esses genes

---

[15] Ibidem, p. 15.
[16] Ibidem, p. 27.

se refletem em características físicas que, embora muito sutis, são captadas por nossos sentidos, sem que se tenha consciência. Tal filtro nos ajuda a escolher aquele que tem mais chance de ter afinidades conosco, tanto comportamentais — favorecendo o convívio harmonioso no longo prazo — quanto fisiológicas — nos favorecendo uma prole mais saudável e robusta.

Mais do que selecionar bons genes para sua prole, a química do sexo também permite que se faça amor. As relações sexuais repetidas, reforçadas pelas carícias, provocam a liberação de neuro-hormônios que associam prazer à disposição de cuidar. Cada vez que o encontro daqueles dois corpos se estabelece, os circuitos cerebrais ativados são reforçados. Cria-se, então, um vínculo duradouro, registrado na memória biológica dos parceiros, ao qual costumamos chamar de amor. O sexo frequente reforça o vínculo, dando maiores garantias da união dos pais durante a criação dos filhos. Por isso casamentos têm sexo. Caso contrário, seriam apenas contratos sociais — de natureza muito mais frágil.

Em alguns momentos, porém, o instinto pode se confundir. Em momentos de transição, mudança e crise, somos envolvidos por um turbilhão de fortes emoções que podem provocar o impulso sexual (uma de nossas mais intensas respostas instintivas). E mais, o impulso sexual prazerosamente realizado provoca, ele próprio, descargas de oxitocina e vasopressina que impelem à manutenção do desejo sexual por aquele parceiro — mesmo que ele não seja "certo". Surge o risco de a relação não se sustentar a longo prazo, não se formando qualquer vínculo além do sexual.

Embora haja diversas formas de amor — materno, paterno, fraterno, erótico, platônico, romântico e tantos outros, conforme o critério de categorização —, a arte de amar implica sempre[17] *cuidado, responsabilidade, respeito e conhecimento*. Maior do que o problema de sermos confundidos por nossos instintos é sermos engolidos por nosso narcisismo. Isto ocorre quando nos sentimos atraídos sexualmente, consideramos aquela pessoa especial, sentimos uma forte emoção na sua presença (e na sua ausência), mas mesmo assim não tomamos a decisão de nos comprometer. Ou pior, dizemos estar comprometidos, embora nossos atos não estejam de acordo. A qualquer insatisfação, abandonamos a relação, como se ela só existisse para nosso prazer. Vitimizamo-nos, nos sentindo enganados e injustiçados por sofrer, sem assumirmos qualquer responsabilidade.

O século XX, palco do progresso do capitalismo e da massificação da sociedade, nos deixou como herança a ideia de que não devemos adiar a satisfação. Mesmo acreditando que a base de um casamento feliz seja a tolerância mútua e a satisfação sexual, consumimos nossos parceiros como quem consome um produto que é descartado quando não funciona mais ou, pior, quando surge um modelo mais novo no mercado. Estamos frequentemente ansiosos, submetidos a trabalhos pouco significantes e a uma atuação social burocratizada e despersonalizada. Tornamo-nos pouco responsáveis em nossa vida pública, em que as grandes decisões são sempre tomadas por outros. Apenas seguimos a "boiada", agindo como a maioria, mas desejando sermos únicos. No início dos tempos, seguíamos os instintos, depois, a tradição. E agora, na modernidade, quando pensávamos poder seguir nossa razão, continuamos seguindo a boiada. Mais um anônimo na multidão. Sem ter prática em "responsabilidade" — afinal, no emprego, obedecemos ao chefe e, na vida social, nos comportamos como esperam de nós — não

---

[17] Fromm, op. cit., p. 24.

sabemos como ser responsáveis na vida privada. Nossas relações íntimas formam mais uma esfera em que deixamos de ser ativos. Assim, nossa capacidade de amar não amadurece. Continuamos um ser passivo, sujeito a paixões.

A modernidade nos levou a um ponto em que os afetos não contribuem o suficiente (ou quanto poderiam) para reduzir a sensação de vazio, de falta de sentido tão comum a esta época pós-tradicional. Em um cenário de capitalismo industrial e burocrático, em que o *trabalho* é rotinizado e padronizado; em que as *relações* se tornam mais frágeis, apesar de mais numerosas; a individualidade é ameaçada e a *criatividade* torna-se exclusividade de especialistas, sobraria apenas o sexo como forma de aplacar a angústia? Afinal, segundo Erich Fromm[18], em todos os tempos, em todas as culturas, as estratégias para escapar da angústia da separação original poderiam ser sintetizadas na *atividade criativa, na conformidade com o grupo, na rotina de prazer* e no *amor* – "esse desejo de fusão interpessoal [... que] é a força que mantém a raça humana unida, o clã, a família, a sociedade"[19]. Entretanto, o amor, a forma mais poderosa de superar a ansiedade ontológica da condição humana, não está ao alcance de indivíduos imaturos e narcisistas, a quem falta poder de decisão e coragem de se responsabilizarem. O amor maduro, que implica *cuidado, responsabilidade, respeito e conhecimento,* não está ao alcance dos autômatos criados (ou ao menos idealizados) pela economia de produção e consumo de massa: homens e mulheres sem vínculos, que adotaram "a busca pela melhor barganha como a cura para a solidão"[20]. Sem a aura do amor e do compromisso pelo

---

[18] Ibidem, p. 10-17.
[19] Ibidem, p. 17.
[20] Bauman, op. cit., p. 89.

bem-estar do outro que este implica, o sexo puro leva a apenas uma união ilusória, transitória e periódica, tal qual uma droga que nos deixa abatidos depois que cessa o prazer. Nas palavras de Bauman[21],

> As íntimas conexões do sexo com o amor, a segurança, a permanência e a imortalidade via continuação da família não eram, afinal de contas, inúteis e constrangedoras como se imaginava, se sentia e se acusava que fossem. Os antigos companheiros do sexo, supostamente antiquados, talvez fossem seus sustentáculos necessários.

Argumenta-se[22] que, pela maior parte da história, amor e sexo estiveram separados; que casamento era apenas um acordo entre homens e mulheres com vistas à procriação; e que somente com a invenção do amor romântico, a partir do século XVIII, passamos a acreditar na existência da alma gêmea. Não deveríamos, porém, assumir que a humanidade passou tantos milênios privada de afeto. Afinal, arqueólogos, historiadores e linguistas há muito colecionam artefatos que provam a existência milenar de vínculos amorosos entre nossos ancestrais. O que torna, talvez, o amor romântico especial é o contexto em que ele surge: crescente valorização da individualidade e do uso da razão. A junção de amor e sexo na figura de um único e exclusivo indivíduo — sobre o qual se depositam nossas mais profundas esperanças de termos nossa individualidade reconhecida e sermos aceitos incondicionalmente — decorre do processo civilizatório que nos trouxe até a alta modernidade. No início de tal processo, o valor do amor estava

---
[21] Ibidem, p. 65.
[22] Gisela Haddad. *Amor e fidelidade*. São Paulo: Casa do Psicólogo, 2009.

em seu poder (intrinsecamente civilizatório) de conter os excessos do sexo, os quais poderiam levar a prejuízos para os indivíduos e para a sociedade. Como seres civilizados, é preciso que a razão e os sentimentos mais nobres domem nossa herança animal e controlem os efeitos potencialmente destrutivos de nossos impulsos. Conforme avançamos na modernidade, e nossas condições de existência se libertam de muitas restrições impostas pela natureza (hoje temos alimentos disponíveis em qualquer época do ano, podemos decidir se e quando teremos filhos...), percebemos que nossa porção animal já está suficientemente contida. Começamos a notar, então, que não precisamos renunciar aos apelos do sexo, nem ao desejo de sermos amados e reconhecidos. É possível usufruir de um *amor erótico*, sem ter que pagar o preço do sofrimento do amor romântico. Ainda assim, o amor erótico (pós-romântico) não vem de graça. Ele exige cuidado, responsabilidade, compromisso e, portanto, maturidade. Amar não é para os fracos! Mas há recompensas. E o prazer do sexo é uma delas. Se antes o amor conjugal era usado como forma de controlar o sexo, diríamos que hoje o sexo é usado para estimular o amor conjugal.

Tendo passado pelas revoluções dos costumes das décadas de 1960 e 1970, homens e mulheres perceberam que, mesmo acreditando amar alguém, sentiam atração sexual por outras pessoas. Muitos deles, até hoje, creem no mito do amor romântico e tomam a atração por outra pessoa como sinal de falta de amor por quem se acreditava estar apaixonado. O resultado costuma ser a busca — continuamente frustrada — pelo amado ideal, aquele que será capaz de ofuscar a presença de qualquer um ao redor, aquele que o livrará sempre de qualquer tentação, aquele a quem será fiel sem qualquer esforço. Outros, porém, superaram a inocência e sabem que atração por outros é sinal que seus hormônios estão funcionando bem e que há muitas pessoas que poderiam escolher amar. Sinal de falta de amor, então, não é se sentir atraído, mas é ceder à atração — é ser infiel.

Inúmeras pesquisas[23] mostram que até hoje, mesmo entre as camadas sociais mais intelectualizadas, homens e mulheres aspiram a relações conjugais duradouras e com um parceiro único, e que a fidelidade é um valor central, em todas as faixas de idade. Amantes maduros honram o compromisso assumido com a pessoa escolhida — que quase sempre inclui exclusividade sexual — e são capazes de assumir que sentem atração por outra pessoa sem jamais sucumbir ao desejo. Nem por isso esses amantes abrem mão dos prazeres sexuais. Ao contrário, nestes tempos de simetria nas relações entre homem e mulher e de abertura para se falar de sexo, o amor recíproco encontra condições de florescer. Parceiros amorosos descobrem e redescobrem sua sexualidade, nos vários momentos da vida, incorporando desejos e prazeres à história de vida que compartilham e que os vincula.

Muito da religação entre sexo e amor na alta modernidade se deve à centralidade da comunicação e a consequente reflexividade[24] desta época. O avançar do século XX foi palco tanto do crescimento das mídias de massa como também do repertório de conhecimentos e reflexões psicológicos, que se transformariam em fértil conteúdo comunicacional. Cinema, TV, rádio, literatura — inclusive de aconselhamento — fornecem oportunidades para se discutir os afetos, pública e privadamente. E, entre o casal, a comunicação torna-se indicador de uma vida conjugal feliz e saudável. Isso coincide com a entrada massiva da mulher no mercado de

---

[23] Ibidem, p. 32-36, além de Velho, op. cit., ou Goldenberg, op. cit., 2010.
[24] Ulrich Beck; Anthony Giddens; Scott Lash, op. cit.; Giddens, op. cit.; e Anthony Giddens. *A transformação da intimidade*. São Paulo: Editora Unesp, 1993.

trabalho e nos sistemas de educação. Poderíamos falar de um processo de *intelectualização* da vida privada transformando os relacionamentos íntimos, por intermédio de competências comunicacionais mais desenvolvidas e conteúdos psicologizantes acessíveis nas artes, na universidade e na cultura em geral.

Se as condições de existência do século XX não foram capazes de promover o amor maduro[25], ao menos estimularam o desenvolvimento de *competências afetivas*, principalmente na cada vez mais numerosa classe média. Esses indivíduos exibiriam "consciência de si, capacidade de identificar os próprios sentimentos e falar deles, capacidade de ter empatia com a posição um do outro e de encontrar soluções para os problemas"[26]. Tal como quem domina uma arte, o indivíduo competente para lidar com seus afetos é capaz de interpretar os eventos de sua vida, dando sentido a eles. Isso lhe permite sobreviver a rupturas, preservando o sentimento de segurança — tão frágil nos voláteis relacionamentos da modernidade avançada.

Podemos falar, assim, de um *capital afetivo* que representaria os recursos culturais (inclusive psicológicos e morais) dos quais o indivíduo dispõe para exercer seu arbítrio e para se estabelecer como ator de sua vontade, assumindo compromisso e se responsabilizando pelo ser amado. Tais recursos contribuem para que o amor erótico maduro emerja e se mantenha dentre aqueles que os possuem. Sugere-se[27] que pessoas de classes sociais menos "psicologizadas" correriam o risco de estabelecerem vínculos afetivos mais frágeis — ainda que muito intensos — do que membros da elite

---

[25] Fromm, op. cit.
[26] Eva Illouz. *Amor nos tempos do capitalismo*. Rio de Janeiro: Zahar, 2011, p. 100.
[27] Ibidem, p. 104-107.

cultural, uma vez que seriam fortemente definidos pelo impulso sexual e pelas paixões.

Contudo, o repertório cultural da classe média da modernidade avançada, além de ajudar a lidar de forma mais racional e responsável com os afetos, também cria oportunidades para um arriscado afastamento entre amor e sexo. Estamos nos referindo ao *amor cibernético* que surge com o advento da *internet*. A separação entre mente e corpo é realizada ao extremo, reduzindo a expressão física do indivíduo a uma imagem congelada — uma fotografia projetada para inspirar beleza e atratividade e favorecer a competitividade em um mercado virtual de parceiros potenciais. Neste ambiente, homens e mulheres se relacionam em suas formas "puras", descontextualizados, privados das formas corpóreas — dos gestos, dos olhos, da voz, do cheiro — que emitem importantes informações sobre nós. No amor cibernético, ama-se apenas um conjunto de atributos que foram informados linguisticamente. Não se conhece o ser humano integral que precisa do corpo real, físico, concreto para manifestar sua humanidade. Ama-se, então, apenas uma ideia. Seria o amor cibernético o equivalente moderno do amor cortês, dos romances de cavalaria?

A modernidade avançada parece ter se tornado hiper-racional. Desde o século XIX, a valorização da razão vem crescendo, refletindo-se, inclusive, no ideal de amor. Do "amor romântico" ao "amor cibernético", parece haver uma hierarquia implícita, segundo a qual o sentimento descorporificado é superior às sensações do corpo. Não nos deixemos enganar pela liberação sexual pós-1960! Sexo casual, ficadas, relações abertas, tudo isso pode ser sinal da desvalorização do corpo em comparação ao intelecto. É como se rejeitássemos nossa porção animal, reduzindo a importância de nossos instintos, enquanto maldizemos Darwin por ter nos jogado para fora do centro do mundo. Contudo, ao colocarmos a razão como valor superior, fechamos os olhos para tudo que nossos instintos são capazes de captar, inclusive informações que nos ajudam a decidir quem amar. Sim. Como dizia o poeta, "beleza é fundamental". Não é só um capricho do outro (Se não ficar bonita, ele me larga!). A beleza e a desenvoltura do corpo emitem informação de cuidado, de saúde e de atenção com o próprio ser, trazendo bem-estar para quem está próximo. O olhar instintivamente capta os significados implícitos na beleza sobre a personalidade do indivíduo.

O que chamamos de beleza é sim um indicador agregado de aptidão que a natureza precisou de milhões de anos para fazer evoluir. O que cada um considera belo diz tanto sobre si próprio quanto sobre o outro. Por isso beleza é uma questão de relação entre quem olha e quem é olhado. E como tal, é um importante indicador, ainda que não racional, de quanto alguém é especial, de quanto vale a pena amá-lo. Essa escolha, sobre a qual recairá a decisão de se comprometer em um vínculo exclusivo e duradouro, é importante demais para ficar por conta somente da razão. Até onde sabemos, nem com todo o avanço da neurociência e do desenvolvimento de sistemas de decisão multicritério, ainda não inventaram método de seleção melhor do que o sexo. O sexo pode abrir as portas para o amor.

/ PARTE II

PRESENTE

# 6. União

O ser humano tem tanto o poder de dominar quanto de mobilizar sua potência realizadora. Da mesma forma, homens e mulheres têm tanto desejo sexual quanto necessidade de afeto. Ainda que aos trancos e barrancos, o casamento, em seus vários formatos, emerge através do processo civilizatório no sentido de canalizar a humanidade a formas de socialização mais complexas, retirando-nos do jugo exclusivo de nossos instintos. O vínculo conjugal surge quando caímos do Paraíso, quando nos damos conta, moralmente, da diferença entre homem e mulher. E, como humanos, percebemos que o gozo não está apenas na satisfação do impulso (seja de se nutrir, seja de se reproduzir), mas também no prazer de usar a razão para conquistar a satisfação.

O vínculo conjugal torna-se, com a evolução da humanidade, uma questão de escolha, de compromisso, diferenciando-se, assim, do acasalamento instintivo característico da vida animal. Como reflete Kant[1], "a renúncia foi o artifício que conduziu o homem dos estímulos puramente

---
[1] Kant, op. cit., p. 19.

sensuais aos estímulos ideais, e, aos poucos, do apetite exclusivamente animal ao amor". A renúncia ao instinto é, por vezes, considerada um processo repressivo. Mas mesmo Freud[2] afirma que "no curso do desenvolvimento da humanidade, a sensualidade é gradativamente superada pela intelectualidade e que os homens se sentem orgulhosos e exalçados por cada avanço desse tipo".

Tomando-se, porém, uma perspectiva histórica, até mesmo as tradicionais cerimônias de casamento religioso podem revelar sua face emancipadora. Consideremos que até meados da Idade Média predominava a família[3] patriarcal, com casamento monogâmico nos moldes bárbaros, em que a esposa era propriedade do marido, entrando no casamento, muitas vezes, de forma brutal, raptada ou negociada entre as famílias como objeto de aliança. Neste contexto, no momento em que a Igreja passa a exigir que ambos os noivos — e não mais seus representantes — concordem com o contrato nupcial e exige que o casamento seja celebrado em cerimônia pública como garantia do livre consentimento, é dada voz à mulher e se abre espaço para que o amor entre em cena.

A Igreja, na tentativa de controlar os excessos do instinto sexual, acabou por elevar o *status* da mulher e reforçou o vínculo conjugal. Mesmo casamentos motivados apenas pela atração carnal tornavam-se sagrados e indissolúveis se realizados de livre e espontânea vontade, na frente de testemunhas[4]. Esse ritual, muitas vezes conside-

---

[2] Sigmund Freud. *Moisés e o monoteísmo*. Rio de Janeiro: Imago, 1997, p. 103.

[3] Segundo Engels, op. cit., p. 70, o próprio significado do termo reflete "o poder paterno romano com direito de vida ou de morte sobre todos" sob seu domínio. O autor destaca que *Família* significava, então, o conjunto de *famulus*, isto é, de escravos domésticos.

[4] Le Goff, op. cit., p. 292-294.

rado repressivo, marca um processo — lento, porém consistente — de ganho de simetria na relação entre homem e mulher. Simetria que é necessária para a existência de um amor recíproco.

Ainda assim, nossa herança moderna parece nos impor um certo gozo em romper com a tradição, em poder pôr fim a casamentos, como se isso fosse sinal de emancipação. As manchetes parecem celebrar os resultados das Estatísticas do Registro Civil que indicam que "a taxa de divórcio é a maior desde 1984"[5], mas ignoram dados da mesma fonte que mostram que "a taxa geral de separação, por outro lado, atingiu em 2010 o menor valor da série histórica, iniciada em 1984". Mais ainda, não se encontra qualquer menção na mídia a respeito do fato de que o número de casamentos vem aumentando consistentemente, e em ritmo bem mais acelerado que o da soma de divórcios e separações[6].

	ANO 2003	ANO 2010	VARIAÇÃO
Nascidos vivos	2.822.462	2.760.961	- 2,2%
Casamentos	748.981	977.620	+ 30,5%
Divórcios + Separações	**241.972**	**238.019**	**- 1,6%**
Divórcios	138.520	179.866	+ 29,8%
Separações	103.452	58.153	- 56,2%

Fonte: IBGE — Estatísticas do Registro Civil

Observando o quadro acima, percebe-se que, entre 2003 e 2010, o número de divórcios e separações caiu praticamente na mesma proporção que o número de nascimentos

---
[5] Portal Brasil. Disponível em: <http://www.brasil.gov.br/noticias/arquivos/2011/11/30/numero-de-divorcios-em-2010-e-o-maior-desde-1984>
[6] IBGE Disponível em: <http://www.ibge.gov.br/home/estatistica/populacao/registrocivil/2010/default.shtm>

no Brasil, cerca de -2% no período. Por outro lado, o número de casamentos cresceu mais de 30%, entre 2003 e 2010. É interessante notar que, em 2003, para cada casal que se divorciava ou se separava, três se casavam. Em 2010, a proporção de casamentos aumentou: para cada rompimento, há quatro novas uniões. Dito de outra forma, no Brasil, atualmente, apenas 24% dos casamentos terminam em separação ou divórcio[7]. O desejo de viver a dois é tão forte que mesmo os divorciados buscam uma segunda chance: 34% deles, mesmo mantendo seu estado civil, vivem em união conjugal com novos parceiros[8]. Vale ressaltar, contudo, que 82% dos casamentos se deram entre homens e mulheres solteiros[9], mostrando que, para muitos, casar é só uma vez na vida. Por mais que a imprensa tenda, intencionalmente ou não, a prestigiar o divórcio, a ficção ainda reflete a crença da população brasileira na vida a dois. Ao lado do sucesso quase automático das comédias românticas, tanto no cinema quanto no teatro, prevalece a fórmula da TV Globo, segundo a qual não pode haver final de novela sem, pelo menos, uma cerimônia de casamento.

Embora nosso imaginário ainda seja povoado por vestidos brancos e disputas por buquês, muitos casais, atualmente, optam por não oficializar suas uniões. A mudança no código civil, ao passar a reconhecer não só a união estável, como, principalmente, a autonomia feminina, garantiu legitimidade para a vida conjugal independente do casamento civil ou religioso. Hoje é jurídica e socialmente

---

[7] Alguns autores mencionam que nos países anglofônicos este número gira em torno de 50% (Maushart, op. cit. e Carrie L. Lukas. *Mulher sem culpa*. São Paulo: Editora Gente, 2010).

[8] IBGE. "Censo Demográfico 2010". SIDRA. Disponível em: <http://www.sidra.ibge.gov.br>, tabela 3.105.

[9] Ibidem, tabela 2.759.

aceito que duas pessoas compartilhem um lar, uma vida e, inclusive, filhos, mesmo que permaneçam solteiras. Hoje, "estado civil" e "condição de convivência" se confundem. Desta forma, é compreensível que em 2010 houvesse 56 milhões de pessoas casadas[10], ao mesmo tempo em que o total de pessoas vivendo em união conjugal fosse de 81 milhões. Esses números indicam que, de certa maneira, o relaxamento das regras favoreceu a formação de casais. Afinal, em 2010, 62% da população com mais de 20 anos de idade vivia em união conjugal, qualquer que fosse o estado civil[11].

Apesar dos argumentos de que o matrimônio é uma instituição em vias de falência, mais da metade dos adultos no Brasil preferem viver casados. E para aqueles que consideram o divórcio uma ameaça, vale ressaltar que é mais provável enviuvar do que romper um casamento. Dentre a população com mais de 20 anos de idade, os divorciados e separados, somados, representam somente 6%, enquanto os viúvos totalizam 6,3%. As estatísticas parecem sugerir que ainda é válido dizer "até que a morte os separe".

Pessoas educadas oficializam suas uniões

O processo de escolarização, por sua vez, parece vir neutralizando o viés marxista e freudiano que marcou a geração de jovens da década de 1960, os quais enxergavam o casamento como uma instituição "pequeno-burguesa", ao mesmo tempo alienante — por desviar as preocupações do indivíduo dos interesses da coletividade — e sexualmente

---
[10] Ibidem, tabelas 1.542 e 1.624 — pessoas de 10 anos ou mais de idade.
[11] Ibidem, tabela 3.105 — pessoas de 20 anos ou mais de idade.

repressora. Observa-se uma nítida correlação entre o número de anos de estudo e a oficialização do vínculo conjugal. Analisando o perfil de instrução[12] das pessoas que vivem em união conjugal, observa-se que, em média, 66% são casadas oficialmente. Este número varia muito pouco em cada nível, sendo 64% dentre aqueles "sem instrução ou com fundamental incompleto" e 68%, com nível "médio completo e superior incompleto". A exceção surge entre aqueles com nível "superior completo", em que 82% optam por oficializar a relação conjugal. Seria possível pensar em um fenômeno do tipo "pessoas-mais-educadas-oficializam-o-casamento"? Talvez. Afinal, enquanto no passado houve uma certa pressão social para que os jovens se casassem (oficialmente, é claro), nos dias de hoje, o casamento tornou-se muito mais uma questão de escolha racional. Principalmente para as mulheres, tornou-se uma questão de opção — não de falta de opção. Certamente tais mudanças foram alavancadas pelo avanço da educação no país, a qual incluiu significativamente a população feminina.

Ricos abrem mão de filhos, mas não de cônjuges

Segundo o Censo Demográfico de 2010[13], 75% dos domicílios brasileiros abrigam famílias centradas no casal — no tradicional formato "pai-mãe-(talvez) filhos". Embora, no Brasil, a média de filhos tenha caído intensamente, chegando a 1,9 por mulher, o arranjo familiar predominante ainda é o "casal com filhos", que responde por 55% das famílias brasileiras. Este número é seguido por 20% de "casais sem filhos" e 16% de "mulheres com filhos e sem cônjuge".

---

[12] Ibidem, tabela 3.105 — pessoas de 20 anos ou mais de idade.
[13] Ibidem, tabela 3.519.

Os "homens com filhos e sem cônjuge" representam apenas 2% dos domicílios, e os demais 7% correspondem a todos os outros arranjos familiares encontrados nos dias de hoje.

Quando se analisa os tipos de arranjo familiar em função do rendimento familiar *per capta*[14], nota-se que o casamento está intimamente relacionado com sucesso econômico. Das famílias de maior renda[15], 45% são casais com filhos e 37% são casais sem filhos. Em outras palavras, a grande maioria das famílias mais ricas — 82% — por qualquer que seja a razão, é baseada na parceria conjugal entre homem e mulher. Por outro lado, do total das famílias com maior rendimento, apenas 10% são constituídas por mulheres que vivem sozinhas com os filhos. Para efeito de comparação, também há homens que criam seus filhos sem cônjuges. Eles representam 2,5% das famílias desta classe de rendimentos.

No outro extremo, entre as famílias mais pobres[16], 20,5% são constituídas por mulheres que criam seus filhos sem um cônjuge. Este valor é consideravelmente maior que o de casais sem filhos, os quais representam apenas 6% das famílias com rendimento *per capta* inferior a ¼ do salário mínimo. Nesta classe de rendimentos, apenas 1,5% das famílias são exemplos de homens que se dispõem a cuidar sozinhos de seus filhos.

Entre os mais ricos, 37% das famílias são casais sem filhos e apenas 12% são homens ou mulheres que têm filhos, mas que não vivem em união conjugal. Entre os mais pobres, as proporções se invertem: apenas 6% são casais sem

---

[14] Idem.
[15] Renda *per capta* maior que 5 salários mínimos (salário mínimo utilizado: R$ 510,00).
[16] Renda *per capta* menor que ¼ do salário mínimo (salário mínimo utilizado: R$ 510,00).

filhos e 22% são homens ou mulheres com filhos, mas sem cônjuges. Será que indivíduos com melhor condição econômica são mais inclinados à união conjugal, mesmo sem a motivação de ter filhos? Ou será que se tornam mais bem-sucedidos por não terem filhos? O que tornaria o padrão de família entre as classes mais ricas tão diferente das classes mais pobres?

Seja como for, o padrão dominante entre ambos os grupos permanece sendo a família representada pelo "casal com filhos", que responde por 69% dos que ganham menos do que um quarto do salário mínimo e 44,5% dos que ganham mais de vinte vezes essa quantia.

A centralidade da família moderna

Os últimos cem anos testemunharam uma profunda transformação no modo de vida que, ao se tornar predominantemente urbano e centrado no trabalho assalariado, implicou uma verdadeira revolução na vida privada. A partir do momento em que o indivíduo deixa o campo em busca de oportunidades na cidade, ele se descobre autônomo. Ele não depende mais de sua comunidade rural para sobreviver. Apenas de si próprio. Agora ele se torna o único responsável pelas decisões importantes de sua vida. Distante dos olhos da tradição, ele se torna o herói de sua saga; o autor de sua própria história.

Na cidade, o indivíduo descobre a liberdade. Mas descobre também a solidão. O casamento ganha, então, um novo significado, deixando de ser um assunto social, em que a comunidade se manifesta sobre a conveniência da união, para se tornar uma questão de escolha de dois indivíduos. O casamento torna-se um assunto privado. A porta da casa ganha tranca, resguardando a intimidade do casal e dos (agora poucos) filhos que nascem do amor entre um homem e uma mulher que se escolheram.

Da mesma forma, nasce o divórcio — como um direito de "desescolher" —, ressaltando, mais uma vez, a autonomia dos indivíduos perante a comunidade. A vida moderna é marcada tanto pela autonomia material quanto simbólica do indivíduo, o qual ganha seu próprio sustento e escolhe seus caminhos. Sua vida é uma página em branco esperando que ele exerça seu poder de autoria.

Para Ferry[17], estamos entrando em uma era de "sacralização do humano e da redefinição dos objetivos de uma vida boa a partir [...] da solidariedade afetiva que nasce na família e eventualmente se estende para além dela". Segundo argumenta[18],

> o sagrado, aquilo pelo qual, se poderia, se fosse o caso, se não dar a própria vida, ao menos arriscá-la, não desapareceu em absoluto. Contrariamente a uma ideia preconcebida, não vivemos nem o 'desencantamento do mundo' nem a 'era do vazio'. Longe de estar aniquilado, o sagrado [...] apenas mudou de lugar [...]: os únicos seres pelos quais eventualmente estaríamos prontos a assumir tal risco, se por infelicidade ele fosse necessário, são os seres humanos. Nossos parentes próximos, é claro, a começar por nossos filhos, mas também, às vezes, simplesmente nossos 'próximos'.

Apesar da ideia de que a vida moderna é uma ameaça aos vínculos duradouros, reflexões como essa mostram, ao contrário, que a família ganhou centralidade nos novos tempos. Ainda que alguns se valham das estatísticas de divór-

---

[17] Luc Ferry. *Diante da crise*. Rio de Janeiro: Difel, 2010, p. 55.
[18] Ibidem, p. 54.

cios para profetizar sobre o fim do casamento e a ruína da família, convém lembrar que quem é livre para escolher deve assumir a possibilidade de errar. O divórcio é uma forma, mesmo que extrema, de lidar com uma escolha errada. Nas palavras de Julien[19], "de qualquer modo, a família parece ser hoje o único lugar em que filhos e filhas encontram referências, seguros de que elas serão garantia de laços sólidos, no sentido em que Adorno definia, então, a família: 'Uma célula de humanidade no seio do inumano universal'".

Como herdeiros dos românticos, enaltecemos os heróis individuais e desprezamos as instituições, inclusive o casamento e a família. Entretanto, como destaca De Botton[20], "a autoria individual não pode ser uma resposta lógica de longo prazo para resolver as complexidades de questões significativas". Sozinhos não vamos muito longe. Viver em um mundo complexo exige aprendizado — e aprendizado ao longo de gerações! Quem seria capaz de, individualmente, inventar a roda? Você conseguiria inventar a escrita? Ou mesmo aprender a ler sem a ajuda da professora ou de um irmão mais velho? Quem saberia plantar, se nunca tivesse visto alguém plantando antes? Tudo isso que consideramos invenções da humanidade são exatamente isto: invenções da *humanidade* — e não de alguns indivíduos geniais. A agricultura, a roda e a escrita emergiram por meio de longos processos de tentativa e erro, escolha e acaso, reprodução e variação transmitidos por milhares de gerações. A tradição permite preservar os conhecimentos que tornaram a vida humana possível. A tradição complementa o instinto, oferecendo ao homem as maneiras para agir no mundo que não

---

[19] Philippe Julien. *A feminilidade velada*. Rio de Janeiro: Companhia de Freud, 2006, p. 35.
[20] Alain de Botton. *Religião para ateus*. Rio de Janeiro: Intrínseca, 2011, p. 235.

foram "programadas" em seu aparato biológico. A tradição registra a trajetória da evolução cultural tal qual o instinto reflete a evolução biológica.

O Romantismo — assim como os demais movimentos que vão surgindo com a modernidade — questiona os modos de vida tradicionais, considerados rígidos, cerceadores e medíocres, e preza a abertura, a criatividade e as idiossincrasias. O romântico quer se destacar. Ele quer se diferenciar da massa uniforme de autômatos guiados pela tradição. A decadência da aristocracia rural em todo o mundo ocidental no século XIX foi um excelente cenário para teste de alternativas românticas. Os primeiros românticos eram, em grande parte, herdeiros das tradições que negavam. Eram filhos de aristocratas e, ainda que perdessem suas fortunas, não tinham como perder a educação de elite que tiveram. Até que ponto aquele século teria sido marcado pelas grandes invenções se não tivesse havido gerações de pessoas bem-educadas e atualizadas com relação aos progressos na arte e na ciência? Teria sido possível desenvolver a técnica sem ser versado em grego e latim para descobrir Galileu ou Newton? Por mais que o discurso da modernidade ameaçasse a tradição, esta nunca teve suas marcas apagadas.

No esforço, porém, de fragilizar as estruturas tradicionais, a modernidade destacou a importância do indivíduo e, assim, afirmou a existência de algo em comum entre todos os humanos, independentemente de cor, credo ou classe social: a razão. Todos somos seres racionais e, a partir do momento em que a principal habilidade para viver neste mundo complexo é a razão (e não mais a força física ou os títulos de nobreza), todos se tornam potencialmente iguais. Esta perspectiva extremamente democrática, segundo a qual todos teriam voz, embora justa, deixa de fora um aspecto pragmático do mundo em que vivemos: o bom uso da razão não vem de graça. A inteligência (outra expressão para "uso da razão") é construída. Não nascemos com ela pronta. Para desenvolvê-la precisamos de experiências, reflexões e educação. Precisamos estar expostos, também, às experiências e reflexões de outros indivíduos. Afinal, aprendemos e nos desenvolvemos com vivências próprias e alheias.

No século XIX (e mesmo em boa parte do século XX), poucos tinham a oportunidade de se educar formalmente. Hoje, a educação se tornou um valor primordial — o fator crítico de ascensão social e de uma "vida boa". A partir do momento em que a educação se estende às mulheres, as transformações sobre o casamento tornam-se imensas. Ressurge, após milênios, o "amor entre iguais" dos antigos gregos. Se para ser digno de amor é preciso ser livre, a mulher contemporânea alcança agora, por meio da educação, o privilégio que os respeitados homens da Grécia dispensavam exclusivamente aos "adolescentes masculinos de boa estirpe"[21], os quais, ao contrário de suas mulheres submissas, eram livres. Contudo, os jovens aprendizes helenos, embora livres, ainda não exerciam poder. As mulheres modernas, por outro lado, educadas e emancipadas, ameaçam a soberania dos homens. O projeto romântico acabou, assim, por dar frutos inusitados. Embora sua versão do casamento — centrada no amor apaixonado e na liberdade[22] — tenha trazido frustração, dor de cotovelo e muitos lares destruídos, sua perspectiva filosófica construiu novas bases para os relacionamentos entre homem e mulher. A valorização da sensibilidade e da autorrealização abriu espaço para o

---

[21] Hubert Lepargneur. *Antropologia do prazer*. Campinas: Papirus, 1985, p. 87.
[22] Giddens, op. cit., 1993, p. 48-51.

surgimento de maior simetria entre os sexos, tanto no espaço público quanto na vida privada, fazendo com que a união conjugal ganhasse novos contornos, novos significados.

Por que casar?

Alguns acreditam que "o casamento tem tudo a *ver* com filhos"[23], embora hoje sejamos levados a acreditar que casar seja uma decisão motivada apenas pelo amor, pelo desejo de duas pessoas ficarem juntas. De fato, se considerarmos que 37% das famílias brasileiras com melhor condição econômica são constituídas por casais sem filhos, concordaremos que a reprodução já não é mais tão central para o matrimônio. Mais ainda, a reprodução parece ter perdido centralidade na vida das pessoas. Afinal, inúmeras são as mulheres que, lançando mão dos modernos meios contraceptivos, decidem nunca terem filhos.

Entretanto, podemos argumentar que, no passado, talvez ter filho não fosse a verdadeira motivação das pessoas para o casamento, mas simplesmente uma consequência do desejo por sexo. Do ponto de vista evolutivo, tal hipótese parece bastante razoável, uma vez que o acasalamento é um instinto que compartilhamos com todos os outros primatas e que, estando ligado à reprodução, se mostra um comportamento adaptativo, ou seja, não seria necessária qualquer *razão* (no sentido de motivação racional) para nos casarmos. Bastaria seguirmos instintivamente nosso impulso sexual.

Nem sempre, porém, as escolhas feitas exclusivamente com base na atratividade sexual se mostram benéficas em longo prazo. Como animais culturais que somos, aprendemos que deve haver restrições que controlem nossos

---

[23] Maushart, op. cit., p. 25.

instintos, bem como regras que considerem outros interesses, inclusive a sobrevivência e a segurança econômica. Desde o tabu do incesto até o casamento arranjado, os relacionamentos sexuais sempre foram mediados pelo interesse coletivo. Até mesmo em tempos modernos, quando a ideia romântica de liberdade e autorrealização passou a dominar na escolha dos pares sexuais, vínculos duradouros entre um homem e uma mulher continuam formando a unidade fundamental das alianças familiares e das redes de apoio sociais, dificilmente substituídos por laços de amizade. Assim, o *acasalamento* — um comportamento individual — foi submetido à lei da comunidade e se transformou em *casamento* — um contrato social e, ao mesmo tempo, uma instituição sobre a qual se estruturou a civilização.

As imensas somas investidas nas cerimônias matrimoniais refletem a importância que o casamento ainda mantém na nossa sociedade. Casais de todas as classes investem quantias dezenas de vezes maiores que seus rendimentos mensais em um evento de um único dia. Não é raro que um casal chegue a gastar meio milhão de reais para fazer seus votos. Neste contexto, a chamada "indústria do casamento"[24] movimenta, no Brasil, mais de 10 bilhões de reais a cada ano — mais de um terço do tamanho do mercado de fármacos no país, que, segundo o Ministério da Saúde, gira em torno de 28 bilhões de reais[25]. Mais do que uma solução para questões ligadas ao desejo sexual, à necessidade de apoio para criar filhos ou à segurança econômica, o ca-

---

[24] Naiana Oscar. "Novos negócios na tradicional indústria do casamento". *O Estado de S. Paulo*, 8 de fevereiro de 2011. Disponível em: <http://www.estadao.com.br/noticias/impresso,novos-negocios-na-tradicional-industria-do-casamento,676527,0.htm>

[25] Portal Brasil. Disponível em: <http://www.brasil.gov.br/sobre/ciencia-e-tecnologia/tecnologia-em-saude>

samento representa um significativo rito de passagem que marca a entrada do indivíduo na vida adulta. A partir daquele momento, é como se cada um deixasse seu papel social de filho para assumir responsabilidades. A moça, uma vez casada, passa a responder por sua própria casa, elevando-se ao *status* de sua mãe. O rapaz, da mesma forma, eleva-se ao nível de seu pai, sendo agora o responsável pelo novo lar que se forma. Em um instante, os antigos namorados se tornam esposa e marido — adultos e responsáveis pela nova família que se forma, mesmo que nunca venham a ter filhos.

Não nos deixemos enganar: "morar junto" não é o mesmo que casar![26] Diversas são as razões que levam namorados a morarem juntos, mas na maior parte dos casos refere-se muito mais a "comodidade" do que a "compromisso". É muito comum que um deles ou ambos já morem sozinhos e a frequência com que se encontram mostra que poderia ser mais fácil — e até mesmo mais barato — se morassem no mesmo imóvel. Mais raro parece ser a situação em que os dois namorados decidam sair das casas de seus pais para montarem seu próprio apartamento. Nesses casos, a necessidade de romper a inércia e assumir a decisão de compartilharem um mesmo teto tende a levar a um compromisso mais forte. Mesmo que não oficializem a união, seja por falta de dinheiro ou por considerarem isso excesso de tradicionalismo ou uma "mera formalidade", de alguma forma esses casais fazem a passagem da vida de solteiro para a vida de casado. Eles sabem a data em que se mudaram para o novo imóvel, participam à família e aos amigos o novo endereço e, muitas vezes, comemoram com eles o novo estado conjugal. Ainda que não tenham alterado seu estado civil, os dois indivíduos assumem para si e socialmente a responsabilidade pela relação.

---
[26] Lukas, op. cit., p. 79.

Os casais, porém, que acabam por não realizar qualquer rito para marcar a passagem para o novo momento de suas vidas continuam namorados. Aos olhos da comunidade — e mesmo deles próprios — permanecem como adolescentes que "brincam de casinha". A qualquer momento podem voltar para a casa dos pais. Seu principal papel social ainda é o de "filho" ou "filha". É como se não se tornassem plenamente adultos. Casar oficialmente (religioso e/ou civil) significa que se tem maturidade suficiente para assumir um compromisso diante da comunidade. "Morar junto" soa como uma alternativa romântica e *irresponsável* (no sentido de não se querer *responder* pela escolha feita), portanto, seria uma alternativa adolescente. Por este ângulo, morar junto seria uma relação mais frágil, menos benéfica tanto para o indivíduo quanto para a comunidade, os quais precisam de estabilidade para sua segurança ontológica e social.

Se o casamento é uma invenção cultural tão importante para a civilização, não é necessário que o indivíduo tenha consciência do que o leva a casar. Evolutivamente falando, basta que ele case. O *costume* é razão mais do que suficiente para trocar alianças. A repetição de um padrão de comportamento que se mostrou adaptativo reforça suas vantagens para o indivíduo e para a coletividade, principalmente se estiver suscetível a pequenas variações, a pequenos ajustes às novas condições. Por isso, não há mal nenhum em casar "porque é um sonho desde pequena" ou "porque todos os meus amigos estão casando". Dia após dia o casamento se renova, respondendo a novas demandas e a novos anseios.

O último século foi palco de transformações que afetaram profundamente o modo de vida ocidental. No passado, o casamento era uma questão prática de reprodução e produção, além de expressão do desejo sexual. As necessidades interiores, psicológicas, existenciais eram supridas pela família, pela comunidade, pelos amigos do mesmo sexo. Conforme a sociedade industrial avança, intensifica-se a separação entre as esferas pública e privada, entre o trabalho assalariado e o trabalho doméstico, ao mesmo tempo em que se isola a família que se torna cada vez menor. Sob a pressão do modelo industrial de urbanização e organização do trabalho, a tradicional "família estendida", que reunia várias gerações sob um mesmo teto e permitia a convivência íntima entre irmãos, primos, tios e avós, cede lugar à "família nuclear" como principal forma de *casulo protetor*[27]. Enquanto se vivia junto, ou pelo menos na vizinhança dos parentes, a mulher podia contar com a ajuda da mãe, das tias e das irmãs na realização de tarefas domésticas, no cuidado das crianças e no conforto psicológico. Da mesma forma, o homem tinha nos irmãos e cunhados uma rede de apoio capaz de garantir segurança material e psicológica para desempenhar sua função de provedor. Quando, porém, homem e mulher se deparam com uma realidade em que são os únicos adultos na família e que estão sozinhos na tarefa de manter e cuidar de um lar, a relação entre os sexos se altera e o casamento ganha novo significado.

O isolamento da família nuclear e a percepção do indivíduo como tal — liberado das restrições e obrigações, mas também do suporte, dos laços de família — impuseram enormes desafios aos casais a partir de meados do século XX. Homem e mulher tiveram que se encarar a portas fechadas. Não há outras mulheres em casa para a esposa conversar. Não há outros homens em casa com os quais o marido possa assistir ao futebol. De repente, o casal descobre que há um universo masculino e um feminino em que cada um, individualmente, precisa

---

[27] Segundo Giddens, op. cit., 2002, p. 221, *casulo protetor* se refere à "proteção defensiva que filtra os perigos potenciais representados pelo mundo exterior e que se funda psicologicamente na confiança básica".

aprender a transitar. Ele tem que conviver com calcinhas no banheiro, e ela tem que lembrar que a tampa da privada estará aberta. O pior, não há ninguém ali, sob aquele teto, com quem possam desabafar, nem qualquer lugar para onde possam escapar. Eles estão sós. Tal solidão se reforça entre os mais sérios, os mais dedicados, aqueles que cumprem de forma exemplar o ideal de adultos responsáveis. Eles acordam sempre no mesmo horário para ir para o trabalho. Ao final do expediente, voltam direto para casa, pois o cônjuge os aguarda. Como têm família para sustentar, essas pessoas consideram a disciplina do trabalho uma prioridade, pois não têm com quem contar em caso de necessidade. Não sobra tempo para amizades. Os momentos de lazer são passados com o cônjuge e os filhos; afinal, sobra tão pouco tempo para ficarem juntos. Quanto mais bem-sucedidos, mais essas pessoas separam o trabalho da família, a vida pública do convívio privado.

Neste contexto, o casamento ganha sua nova função: preencher o *vazio existencial*. Como destaca Beck[28], "por um lado, homens e mulheres são liberados de seus papéis tradicionais em busca de uma 'vida deles próprios'. Por outro, em meio a relações sociais diluídas, pessoas são levadas a criar vínculos na busca de felicidade em uma parceria". Casar torna-se um meio pelo qual indivíduos independentes e autônomos buscam restabelecer uma vida interior compartilhada, tal como os tradicionais laços de parentesco costumavam fazer.

Contra a solidão: intimidade

Hoje vivenciamos a fragilização das relações tradicionais fundadas em elementos externos como sangue e contrato. Neste contexto, parentesco e casamento não parecem mais

---

[28] Beck, op. cit., p. 105.

sólidos o suficiente para assegurar satisfação emocional duradoura e uma vida plena de sentido. Nestes tempos modernos emerge o que Giddens chama de "relação pura"[29] — "a relação social que é internamente referida, isto é, depende fundamentalmente de satisfações e recompensas genéricas dessa própria relação". Ao contrário dos laços de parentesco e do contrato matrimonial, a relação pura é fundada em critérios unicamente internos e mantida pela confiança conquistada pela intimidade. Este tipo de relação sempre esteve presente no repertório dos vínculos sociais, sendo a amizade o mais característico exemplo. Como se costuma dizer: "Parente não se escolhe. Amigo, sim." Entretanto, a partir da popularização do divórcio e da união consensual, os novos arranjos familiares introduziram a possibilidade de *escolha* em relações tidas anteriormente como naturais. As atuais "famílias rearranjadas" nos fazem ter dificuldade para responder a perguntas que antes uma criança respondia sem hesitação. Por exemplo, irmão de irmão também é irmão? Depende.

Imaginemos que uma mulher divorciada tenha um filho A e se case com um homem que já tenha um filho B de uma relação anterior. O casal, então, concebe um filho C em comum. Então, irmão de irmão é irmão? Segundo as regras de consanguinidade que têm definido as relações de parentesco há milhares de anos, C é irmão tanto de A quanto de B, ao passo que A e B não têm qualquer parentesco. Porém, na perspectiva da "relação pura", A e B podem ser considerados irmãos caso eles escolham se comprometer "entre si a compartilhar um estilo de vida significativo"[30]. A parceria íntima formada pelos dois irmãos não biológicos somente se mantém enquanto ambos a considerem emocionalmente re-

---
[29] Giddens, op. cit., 2002, p. 223.
[30] Giddens, op. cit., 2002, p. 92.

compensadora, já que imposições ou recompensas externas não são suficientes para estabelecer laços íntimos. O mesmo se aplica às uniões entre um homem e uma mulher. Ao contrário do casamento indissolúvel do passado, os relacionamentos atuais tendem a se sustentar somente enquanto forem mutuamente satisfatórios.

O que torna um relacionamento satisfatório? A existência de critérios externos facilita enormemente a avaliação da qualidade de um relacionamento e de quanto satisfaz as expectativas de cada um dos envolvidos. Preço, em uma relação de compra e venda; salário e carga horária, em uma relação trabalhista, ou cumprimento de obrigações, em uma relação contratual são exemplos de recompensas externas que servem de parâmetro em diversos contextos sociais. As "relações puras", porém, são avaliadas pelas emoções que provocam no indivíduo. Em grande parte, tais emoções estão ligadas à percepção sobre o que o outro sente, fazendo com que sua satisfação dependa, reciprocamente, da satisfação do outro. "Você está feliz? Só estou feliz se você estiver" ou "Você me ama tanto quanto eu o amo?" são falas comuns de casais em uma relação pura. Eles estão o tempo todo se esforçando para saber o que o outro sente. Na falta de indicadores objetivos para que o indivíduo avalie a satisfação do outro, cabe o estabelecimento de uma *comunicação emocional* entre as duas pessoas — a qual podemos chamar de "intimidade".

Como define Giddens[31],

> intimidade significa a revelação de emoções e ações improváveis de serem expostas pelo indivíduo para um olhar público mais amplo. Na verdade, a revelação do que é mantido oculto das outras pessoas é um dos principais indica-

---
[31] Giddens, op. cit., 1993, p. 154.

dores psicológicos, capaz de evocar a confiança do outro e de ser buscado em retribuição.

O poder que a intimidade tem para combater a solidão está diretamente ligado a sua capacidade de transmitir ao indivíduo que ele é *especial*. Dentre todas as pessoas do mundo, ele foi o escolhido para merecer ouvir os segredos do outro — daquele que, por sua vez, também é especial a seus olhos. Pessoas íntimas trocam confidências. Com um simples olhar, pessoas íntimas são capazes de saber o que o outro pensa ou sente, sem que, para isso, seja necessário qualquer poder sobrenatural. Também não é preciso que sejam almas gêmeas, que tenham nascido um para o outro. A profundidade do conhecimento mútuo resulta de um ouvir atento, de um interesse genuíno pelo outro e pela convivência. Compartilhar uma história com alguém significa que se teve oportunidade para ver o outro em diversas circunstâncias, e saber o que pensou, o que sentiu e como reagiu em momentos de alegria, de tristeza, de raiva, de piedade; enfim, em momentos que diferentes facetas de sua identidade foram expostas. Certamente muitas outras pessoas testemunharam alguns desses episódios, porém apenas quem é íntimo é capaz de ter uma longa coleção desses episódios para lembrar. Mais ainda, só quem é íntimo quer lembrar. Só quem é íntimo enxerga coerência na soma de encontros episódicos a ponto de reconhecer aí uma história compartilhada.

Saber que há alguém que está conosco em várias etapas de nossa história nos reconforta. Afinal, não estamos sozinhos neste mundo. Assim, a intimidade tem o poder de nos estabilizar psicologicamente, resgatando nossa "confiança básica"[32]. Confiança que reduz a ansiedade e que permite

---

[32] Segundo Giddens, op. cit., 2002, p. 221, "confiança na continuidade dos outros e do mundo-objeto, derivada de experiências na primeira infância".

que não paralisemos diante dos riscos, mas que assumamos ativamente nossas tarefas diárias. Confiança de que, por mais que exista a morte, vale a pena viver. Confiança de que, se somos especiais (pelo menos para alguém), temos direito à "capa de invisibilidade" que nos protegerá de todo o mal.

Uma vez que o parentesco e o dever social não são mais capazes de estabelecer a confiança necessária na continuidade das relações, cabe à intimidade alicerçar este ato de fé. Na modernidade avançada, portanto, o casamento se torna um caminho para estabelecer vínculos íntimos que recuperem a confiança básica originalmente associada aos laços parentais da primeira infância. A intimidade, contudo, não surge automaticamente com a união. Ela precisa ser construída (e reconstruída continuamente) pelo casal que dispõe, para isso, de dois recursos fundamentais: o *segredo* e o *sexo*.

O segredo reflete aquilo que o indivíduo só compartilha com o parceiro íntimo. Por esta razão, no momento que o indivíduo revela um segredo sobre si, ele comunica ao outro quanto sua relação é especial e, portanto, *exclusiva*, já que a ninguém mais fora dado tal privilégio. O segredo — ou melhor, a existência de coisas (pensamento, ações, sentimentos) que só o parceiro conhece — é, talvez, o maior indicador de intimidade que se possa ter. Quando um amigo passa a saber mais sobre o indivíduo do que seu próprio cônjuge, o final da união pode estar próximo. Exclusividade parece ser fundamental para a manutenção da segurança psicológica de cada membro do casal e, por conseguinte, da sensação de satisfação emocional necessária à continuidade de uma "relação pura".

De maneira similar, o sexo pode levar à intimidade quando faz os dois indivíduos acreditarem que eles são mutuamente significantes. Por ser feito longe dos olhos dos outros, o sexo humano já traz consigo uma certa aura de "segredo". É algo cujos detalhes somente os envolvidos conhecem. Isolados do mundo lá fora, que ignora o que se passa entre quatro paredes, eles se tornam especiais um para o outro. Surge aí um ambiente propício para a troca de confidências, a qual acaba por reforçar a intimidade nascente. O sexo ainda conta com a vantagem de favorecer o estabelecimento de "vínculos químicos" entre os parceiros, no sentido de que a produção dos hormônios oxitocina, vasopressina e dopamina contribuem para o sentimento de intimidade. Atualmente, porém, a cobrança social por desempenho sexual traz o risco de que sexo se torne o crivo da relação: se for ruim, pode ser a ruína da união. Assim, tanto quanto gerador de intimidade, o sexo pode se transformar em fonte de ansiedade e insegurança, principalmente quando paira a ameaça de perda de exclusividade.

Homens e mulheres buscam um parceiro íntimo que lhes dê segurança psicológica para que tenham tranquilidade para cuidar das outras coisas da vida, tais como educação, carreira profissional, criação dos filhos e projetos pessoais. Contudo, ao contrário de seus avós que tinham a certeza de que, uma vez casados, nunca mais estariam sós, o indivíduo contemporâneo precisa se esforçar dia a dia para cultivar sua união. Apesar de toda a gratificação que uma "relação pura" pode trazer — como o respeito pela identidade de cada um e a simetria entre os membros do casal, fazendo com que o diálogo prevaleça sobre a autoridade —, há o risco inerente a este tipo de vínculo conjugal: o rompimento por vontade do outro.

> Uma característica do relacionamento puro é que ele pode ser terminado, mais ou menos à vontade, por qualquer dos parceiros em qualquer momento particular. Para que um

relacionamento tenha probabilidade de durar, é necessário o compromisso[33].

Só o *compromisso moral* consegue evitar a busca narcísica por satisfação, que pode surgir em momentos de crise pessoal, quando o senso de responsabilidade pelo bem-estar do outro é ofuscado pela urgência do indivíduo em aproveitar as oportunidades de autorrealização. Viver junto até que a morte os separe parece, muitas vezes, um desafio sobre-humano, já que uma relação pura duradoura pressupõe um indivíduo consciente de sua responsabilidade e capaz de honrar compromissos — o que, nos termos de Nietzsche, poderíamos chamar de "indivíduo soberano"[34]. Em uma época de transformações tão intensas, caracterizada por "crises" econômicas, sociais e pessoais, não é de se estranhar que o casamento seja palco de tantos conflitos entre homens e mulheres.

Conflitos conjugais: o que as mulheres e os homens querem?

Antes de mais nada, precisamos admitir que não é possível ter "família nuclear" sem a separação dos papéis masculino e feminino[35]. Para que haja "trabalho assalariado" é

---

[33] Giddens, op. cit., 1993, p. 152
[34] Friedrich Nietzsche. *A genealogia da moral*. Petrópolis: Vozes, 2011, p. 59: "...o fruto mais maduro da árvore é o *indivíduo soberano*, o indivíduo próximo de si mesmo, o indivíduo livre da moralidade dos costumes, o indivíduo autônomo e supermoral (pois "autônomo" e "moral" se excluem), numa palavra, o indivíduo de vontade própria, independente e persistente, o homem que *pode prometer* e que possui em si próprio a consciência nobre e vibrante do que conseguiu, a consciência da liberdade e do poder, o sentimento de ter chegado à perfeição humana."
[35] Beck, op. cit., p. 104.

preciso que alguém abra mão dele para cuidar dos assuntos domésticos. Por mais que as feministas defendam o contrário, em praticamente todas as culturas é a mulher que assume este papel. Igualdade? Paridade? Não adianta. Salvo em casos excepcionais, homens e mulheres têm características psicológicas diferentes e tendem a resguardar, mesmo inconscientemente, seus papéis tradicionais. A masculinidade e a feminilidade estão centradas nestes papéis e nas tarefas associadas, assim como a sexualidade e autoestima. Estudos mostram que homens desempregados casados com mulheres empregadas "realizam *menos* trabalho não remunerado, e não mais"[36]. Isso sugere que, mesmo tendo disponibilidade, os homens evitam as tarefas domésticas, uma vez que se sentiriam feridos em sua masculinidade. Da mesma forma, as mulheres também sentem ansiedade por seus papéis tradicionais, muitas vezes se antecipando à iniciativa do marido (ou filho) e desestimulando-o a penetrar no que é considerado domínio feminino. Tal comportamento é encontrado mesmo entre mulheres profissionais, com carreiras bem-sucedidas, criadas na mais pura cultura feminista da década de 1980. Esta dinâmica se mantém mesmo em ambientes socioculturais progressistas — provavelmente, porque funciona. Ainda que inconsciente, a divisão de papéis masculino e feminino preserva a harmonia do lar, por um lado, por proteger a autoestima viril do marido e, por outro, por garantir o monopólio da esposa naquilo que é seu diferencial e base de seu poder: as tarefas domésticas.

Apesar da revolução sexual e da penetração massiva das mulheres no mercado de trabalho, no qual disputam com os homens as vagas que exigem melhor formação, quando o assunto é casamento, elas preferem o segundo lugar. As

---

[36] Maushart, op. cit., p. 263.

transformações culturais dos últimos cem anos não foram capazes de alterar um padrão de comportamento que evoluiu por milênios. A fêmea humana continua buscando a "hipergamia"[37], termo que os antropólogos costumam usar quando se referem à prática de escolher parceiros conjugais com *status* superior ao próprio. A estratégia feminina é estimulada ou reforçada pelo macho humano que, segundo estudos[38], tende a rejeitar mulheres mais inteligentes ou bem-sucedidas que ele. Isso não significa que os homens prefiram as ignorantes. Ao contrário. Principalmente as novas gerações de homens, cujas mães foram instruídas e profissionais, aprenderam a valorizar mulheres diplomadas e que ganham bem. Elas só não devem, contudo, ser mais bem-educadas ou ganhar mais do que eles. As mulheres, por sua vez, também não querem homens inferiores. Agora que elas ascenderam, elas querem homens "do seu nível", ou, de preferência, um pouco mais alto. Entrevistas realizadas com jovens mulheres americanas[39] indicam que, independentemente do nível educacional ou da classe social, mulheres que se tornaram independentes não querem se tornar a única provedora em um casal. Convivendo com universitárias brasileiras, percebemos que aqui também as mulheres não querem ocupar o lugar do homem na relação. Por mais que elas sejam capazes de se autoprover, e ainda que possam concorrer com os homens por posições públicas, na esfera privada elas ainda querem alguém forte e admirável. Sua autoestima parece estar menos atrelada a seu próprio sucesso do que ao *status* do homem a seu lado. Sua feminilidade permanece ligada à capacidade de conquistar (e manter) um macho alfa.

---

[37] Ibidem, p. 97.
[38] Liza Mundy. *The Richer Sex*. New York: Simon & Schuster, 2012, p. 71.
[39] Ibidem, p. 72.

Entretanto, mais do que um homem másculo que reafirme seu valor de fêmea, capaz de prover e proteger (mesmo que ela seja perfeitamente capaz de se virar sozinha); mais do que um pai para seu filho, e mais do que um amante carinhoso, a mulher quer comunicação emocional com seu marido. Ela quer intimidade. E intimidade também é o que o homem quer. A diferença, porém, está no meio que cada um considera mais importante para se chegar a este fim. Enquanto a mulher, com sua hipertrofia da parte do cérebro dedicada à linguagem, privilegia o diálogo e a troca de confidências, o homem, com sua superdose de testosterona, prefere o caminho do sexo para chegar à intimidade. Não é à toa que o ideal de vínculo conjugal é aquele que garante tanto a proximidade verbal quanto a sexual.

Contudo, ainda que marido e mulher desejem muito este ideal, a rotina da família nuclear moderna não o favorece. A carga é frequentemente pesada demais para dois adultos sozinhos. Hoje eles não contam mais com o apoio concreto ou moral de familiares como acontecia no passado. Se o orçamento está curto, só mesmo trabalhando mais ou recorrendo a alguma instituição de crédito — não há parentes íntimos o suficiente a quem se possa pedir dinheiro. Se não podem tomar conta das crianças, o jeito é "terceirizar" — creches e babás substituem avós e tias que hoje não estão mais disponíveis, pois elas também têm seus compromissos, além de frequentemente morarem longe. Se a tristeza, a dúvida ou a insegurança invade o lar, a solução é procurar um psicólogo — irmãos, primos e amigos íntimos, pessoas da mesma geração com quem se poderia trocar experiências e conseguir conforto emocional, estão muito distantes, isolados em seus próprios dramas.

A vida moderna impõe uma existência institucionalizada: empregadores, bancos, creches, psicólogos substituem o apoio familiar e comunitário fragilizado pela organização urbana e pela lógica do trabalho assalariado em tempo integral. Ainda que a solução institucional possa ser satisfatória em termos práticos, seu custo emocional muitas vezes se torna alto demais. Muitos casais se culpam mutuamente e a si próprios por problemas ou dificuldades que, na verdade, não são individuais, mas que são, sim, provocados pela dinâmica de funcionamento da sociedade industrial. Grande parte dos conflitos conjugais mais recorrentes nesta modernidade avançada são buscas desesperadas por soluções privadas para problemas que são públicos[40]. Será que ficaria mais fácil de suportá-los se soubéssemos que o conflito que se manifesta na esfera privada tem suas raízes nas transformações sociais? Ora, a culpa não é dele ou dela! Mas será que podemos esperar até que mudanças lá fora aconteçam para sermos felizes aqui dentro, entre quatro paredes?

O anacronismo de uma organização do trabalho industrial fundada no século XIX, quando os papéis no casal eram estabelecidos apenas pelo sexo do indivíduo e, portanto, fixado desde o nascimento, gera frustração, indiferença, isolamento entre os esposos. Hoje, aquela estrutura institucional permanece a mesma, embora seja extremamente inadequada para as mulheres contemporâneas, que passam a questionar o papel que lhe fora determinado. Em uma sociedade do conhecimento — diferentemente de uma sociedade industrial — as mulheres possuem tantas, ou mais, chances de dar sua contribuição na vida pública quanto os homens. Afinal, no contexto atual, o principal recurso para o desempenho profissional é a educação — e estudar é uma atividade para a qual o perfil feminino é consideravelmente vantajoso: "Você senta. Você lê. Você escreve e você conversa."[41] Mais

---

[40] Beck, op. cit., p. 106-115.
[41] Helen Fisher, em entrevista telefônica dada a Liza Mundy, op. cit., p. 71.

educada, as expectativas das mulheres se elevam. Se são competentes para o trabalho assalariado, que lhes garante independência financeira e reconhecimento social, por que se contentarem com o trabalho doméstico que, além de ser desvalorizado, as coloca em situação de dependência?

Contudo, o cuidado com os filhos e as responsabilidades domésticas exigem tempo. Quem os assume se torna indisponível para o trabalho assalariado, o qual ainda segue o padrão industrial exigindo dedicação exclusiva. Então, como distribuir as obrigações entre o casal? Que critérios de decisão utilizar quando, por exemplo, a esposa ou o marido recebem uma oportunidade de promoção que requer sua mudança para outro estado? Os conflitos conjugais "normais" — isto é, aqueles referentes ao ajustamento de dois indivíduos (até certo ponto) estranhos que passam a compartilhar um lar — são intensificados quando se impõe a necessidade da escolha, nem sempre negociada, quanto a quem assume a responsabilidade pelas tarefas remuneradas. Ao escolhido caberá o ônus de ter sua vida profissional relegada a segundo plano. Por que o homem aceitaria isso? Ora, quem domina as competências requeridas para as atividades domésticas é a mulher, que tem sido socialmente preparada há gerações. Homem e mulher deparam-se, assim, com um campo de batalha instalado dentro de casa. Pior, muitas vezes as armas não são postas de lado nem mesmo na hora de ir para a cama.

Felizes daqueles casais que conseguem administrar seus conflitos antes que seus efeitos atinjam a arena da sexualidade e, como consequência, da intimidade.

É muito difícil para a mulher independente de hoje, neta das feministas dos anos 1960 e filha das *yuppies* da década de 1980, manter-se atraída pelo marido em que seu namorado se transformou. Aquele homem que, antes, a incentivava a estudar e comemorava suas realizações profissionais, hoje, a obriga a deixar sua carreira em segundo plano. Aquele homem que, antes, a elogiava por sua personalidade e beleza estonteantes, hoje, reclama que ela é mal-humorada, controladora, gorda e mal cuidada. Competente, mas subutilizada, além de sobrecarregada pelas demandas domésticas, esta mulher não consegue evitar a raiva e a inveja do marido que tem liberdade e disponibilidade para se realizar profissionalmente. A frustração, a revolta e muito cansaço acompanham-na quando, no fim de cada noite, depois que todos foram dormir, ela toma uma banho e veste sua calcinha bege debaixo do pijama.

Também é muito difícil para o homem de hoje, neto das feministas dos anos 1960 e filho das *yuppies* da década de 1980, manter-se atraído pela esposa em que sua namorada se transformou. Criado por mulheres fortes e independentes, ele foi testemunha dos conflitos pessoais de seu pai que tentava lidar com o questionamento de sua autoridade como "cabeça do casal". Aquela mulher que, antes do casamento, admirava sua competência e pedia seus conselhos e orientação, hoje, tornou-se forte, decidida e independente. Ela não precisa mais dele para nada. Aquela mulher que, antes do casamento, mostrava-se sedutora e delicada, hoje, o trata com indiferença. Se ele a "procura", ela o rejeita dizendo que está ocupada; que as crianças vão ouvir; que está com dor de cabeça; que está gorda; que está feia; que ele só pensa em sexo; que ela se sente carente; que ele não liga para ela; que eles não discutem a relação; que ele não se interessa por nada de casa; que ela se sente uma empregada mal paga. Como se manter atraído por uma mulher que se esconde atrás de um comprimido de analgésico e de uma calcinha bege?

Depois de alguns anos sobrevivendo a tal tensão — à custa de um compromisso moral e da lembrança de um tempo em que se amavam — marido e mulher correm o risco de se tornarem tão íntimos quanto colegas de quarto.

Se o compartilhamento de segredos e relacionamento sexual são importantes para a construção da intimidade, também o são para reafirmar a identidade de cada um na relação e promover a segurança e o conforto emocionais que justificam um casamento entre pessoas autônomas e financeiramente independentes.

Com uma esposa que decide tudo, que cuida de tudo e de todos e que é suficientemente educada e competente para assumir uma carreira profissional bem-sucedida — ele não o faz porque não tem nem competência nem segurança psicológica para assumir o lugar dela na vida doméstica —, o homem sente sua virilidade fragilizada. De acordo com a perspectiva do marido, ela está no papel de dependente, mas a rigor não está. Nem ela, tampouco os filhos parecem precisar dele. Se ele fosse embora, a mulher assumiria o papel de provedor, o qual ele desempenha apenas porque ela permite. Ele sente (e teme) que pode ser dispensado a qualquer momento. Nem para satisfazer as necessidades sexuais da mulher ele acha que serve, pois parece que ela não as tem. E ele, cada vez mais, se sente incompetente, desprezível.

A esposa, por sua vez, sente-se cada vez mais sozinha e injustiçada. O marido não conversa, não quer saber como foi o seu dia. Ela não o culpa, já que seus dias são sempre iguais, sempre a monótona rotina de crianças e (às vezes) criados. Sobrecarregada, não sobra tempo para cuidar de si, para se enfeitar nem para olhar para o próprio corpo. Ameniza sua angústia na comida, elegendo o açúcar e o chocolate seus melhores companheiros. É fato que é difícil se livrar deles, principalmente quando se agarram a sua cintura. Mas o que importa? Ninguém mais olha para ela. Seu marido, que um dia fora um amante apaixonado, não a olha mais nos olhos, não a abraça pela cintura e, quando quer sexo, é no escuro, debaixo das cobertas. Portanto, uns quilinhos a mais até que valem a pena. Ela acredita que já perdeu seu poder de sedução e que o único resquício de feminilidade está em seu talento para cuidar da família.

Ele gostaria de se sentir mais útil e mais importante dentro de casa, assim como adoraria ter certeza de que é capaz de dar prazer a uma mulher. Ela gostaria de ser cortejada, aninhada, protegida, assim como adoraria ter segurança quanto a seu poder de sedução. Enfim, depois de tantas transformações, homens e mulheres ainda querem o que nossos antepassados queriam. Por mais que tenhamos evoluído nossa razão, por mais que questões existenciais nos inquietem, ainda há um macaco — ou uma macaca — pulsando dentro de nós.

7. Infidelidade

A revolução sexual promoveu a crença de que o interesse do indivíduo vem em primeiro lugar, e de que sublimar, controlar ou reprimir o desejo sexual era abrir mão da autenticidade tão idealizada pelos românticos. O mundo das ideias legitimou, e até incentivou, o que há milênios já ocorria: *sexo extraconjugal*. Contudo, naquele mesmo momento, a mulher ganhava poder. Mais importante do que ela mesma poder fazer sexo é ela ter o direito de se recusar a isso e, mais ainda, exigir exclusividade, negando-se a manter uma situação em que o homem tenha sexo extraconjugal. É então que a ideia de infidelidade se aplica com mais precisão, já que ela é uma quebra de contrato e que, sendo o casamento contemporâneo ocidental (aquele que se caracteriza como uma "relação pura") um contrato entre iguais que estabelecem entre si que sua relação tem como base a exclusividade sexual, aquele que trair o pacto estará sendo infiel. Vale lembrar que

> Em um mundo de relacionamentos puros, a monogamia tem de ser "reelaborada" no contexto do compromisso e da confiança. A monogamia não se refere ao relacionamento

em si, mas à exclusividade sexual como um critério de confiança; a "fidelidade" não tem significado, exceto como um aspecto daquela integridade presumida na confiança do outro.[1]

Pesquisas apontam para o valor central que a fidelidade no casamento tem em nossa cultura[2]. Assim como o desejo sexual, a predileção por relações sexuais exclusivas também pode ser considerada natural do ser humano. Recentemente a ciência descobriu a existência de genes relacionados ao comportamento monogâmico. Portanto, segundo a lógica moderna do apreço pela autenticidade, a monogamia também não deveria ser reprimida. Monogamia é importante socialmente, pois mantém a coesão do grupo. Monogamia é importante individualmente, pois garante a segurança física e psicológica do casal e de sua prole.

A monogamia é um comportamento tão adaptativo que permaneceu robusta ao longo do tempo, mesmo sob a ameaça do sexo episódico. Até recentemente, havia o contrato matrimonial, socialmente controlado, que garantia a insolubilidade da união. Naquele contexto, a segurança da comunidade e dos cônjuges era mantida, pois como o vínculo não podia ser rompido, casos extraconjugais dificilmente passavam de sexo episódico, com baixo grau de envolvimento emocional. Além do mais, a distinção entre "mulher séria" e "mulher perdida" garantia que dificilmente a amante pudesse vir a tomar o lugar da esposa: primeiro, no casamento indissolúvel, só a morte "abriria a vaga"; segundo, uma amante era, por definição, a tal "mulher perdida", portanto, não seria socialmente aceita para o preenchi-

---
[1] Giddens, op. cit., 1993, p. 162.
[2] Goldenberg, op. cit., 2010, p. 117.

mento da vaga. Da mesma forma, caso uma mulher casada fosse descoberta em um relacionamento extraconjugal, automaticamente ela seria reclassificada como "perdida", com todo o ônus que isso podia representar — inclusive a morte. Assim, as regras sociais evitavam que o impulso sexual pudesse comprometer a durabilidade da união.

Por menos poder que a mulher tivesse, uma vez casada, sua sobrevivência e seu bem-estar (ao menos material) estavam garantidos, dando-lhe tranquilidade para realizar suas atividades na família e na comunidade. O marido podia até ter casos na rua, mas nunca a deixaria. E se fosse um homem digno, seria discreto e não permitiria faltar nada em casa. O destino das solteiras, porém, era mais triste. Ou elas abriam mão de sua sexualidade, dedicando-se ao papel de "tias", ou investiam em seu poder de sedução, conquistando homens casados dispostos a sustentá-las, já que para essas não haveria mais lugar na família ou na comunidade de origem.

Inegavelmente, a revolução sexual e as transformações sociais e econômicas no final do século XX trouxeram avanços significativos no que se refere à justiça entre os sexos. Tais avanços, porém, vieram acompanhados de novos desafios, aos quais homens e mulheres apenas começam a se adaptar. Como equilibrar a vontade de expressar a sexualidade com a necessidade de se sentir especial em uma relação íntima? Como conviver com a possibilidade de que o outro também queira expressar sua sexualidade e que, talvez, você não seja tão especial a ponto de ter sua exclusividade assegurada? Como aceitar (ou não) que seu parceiro íntimo se sinta atraído por outra pessoa e se submeta ao desejo? Como estruturar uma relação duradoura sobre um acordo que precisa ser continuamente revalidado? Como resguardar sua "segurança ontológica" sabendo que amanhã você poderá estar sozinho? Como organizar sua vida quando não resta mais qualquer garantia de parceria? Com a possibilidade de divórcio, como manter um casamento cujo único alicerce é a confiança? A infidelidade reacende todas essas questões, trazendo em si uma ameaça de descontinuidade muitas vezes mais dura de se lidar do que a morte.

Por que homens e mulheres traem?

Porque sente atração. Porque é bom se sentir desejado. Porque é bom sentir que tem poder para seduzir. Porque está infeliz. Porque está se divertindo. Porque bebeu. Porque se envolveu. Porque está com raiva. Porque a esposa é gorda. Porque se sente humilhada. Porque se sente desrespeitado. Porque ele trabalha o tempo todo. Porque ela só liga para as crianças. Porque está inseguro. Porque se sente só. Porque está entediado. Porque é jovem. Porque se sente velho. Porque ninguém vai saber. Porque não diz respeito a ninguém. Porque pode. Porque se permite. Porque é imaturo. Porque está em crise. Porque não quer honrar um compromisso. Porque não se dá conta de que é comprometido. Porque não acredita em casamento. Porque acredita na relação aberta — pelo menos quando lhe favorece.

Assim como praticamente tudo na modernidade avançada, a infidelidade também é tema de estudo científico.

Em 1989, nos Estados Unidos, foi publicado o livro *Private Lies: Infidelity and the Betrayal of Intimacy*[3]. O autor Frank Pittman, psiquiatra e terapeuta de família, clinicou desde 1962 até sua morte, em 2012. Durante toda sua carreira como terapeuta e escritor, a infidelidade ocupou posição central. Ele afirmava que "a infidelidade é a principal causa

---

[3] Tradução livre: "Mentiras privadas: infidelidade e traição da intimidade."

de rompimento de famílias, a mais terrível e devastadora experiência em um casamento"[4]. Com base em inúmeros estudos de caso, o autor identifica os principais padrões de comportamento infiel, bem como questiona mitos comumente aceitos sobre a infidelidade pós-revolução sexual.

No Brasil, o antropólogo Gilberto Velho[5] estudou, e estimulou que seus alunos estudassem, a geração que viveu a "revolução do gênero"[6]. Por meio das histórias de vida de indivíduos da zona sul do Rio de Janeiro, Velho nos oferece um retrato do casamento, bem como das crises conjugais, em um universo intensamente psicologizado, em que a valorização do indivíduo se expressa em "uma forte ênfase na 'descoberta de si mesmo', na 'liberação das repressões', na 'busca de autenticidades'"[7]. Neste contexto, Miriam Goldenberg[8] publicou, em 1990, *A outra* — livro que surgiu de um trabalho para um curso ministrado por Velho, em que se propunha a estudar mulheres amantes de homens casados. A partir do interesse naquela "que não é puta ou esposa, mas se acusa e é acusada de puta e deseja ser esposa"[9], a autora lança luz sobre o casamento e a infidelidade nesses novos tempos.

---

[4] Frank Pittman. *Private Lies: Infidelity and the Betrayal of Intimacy.* New York: W.W. Norton & Co., 1989, p. 33.

[5] Professor Titular do Museu Nacional da UFRJ.

[6] Expressão usada por Arlie Hochschild. *The Second Shift.* New York: Penguin Books, 2012, p. 263, para se referir a profunda mudança nos papéis dos gêneros a partir da década de 1980, quando homens e mulheres passam a concorrer, potencialmente, pelos mesmos papéis, no trabalho e na vida privada.

[7] Gilberto Velho. *Subjetividade e sociedade: uma experiência de geração.* Rio de Janeiro: Zahar, 2002, p. 25.

[8] Antropóloga, professora do Departamento de Antropologia Cultural da UFRJ.

[9] Miriam Goldenberg. *De perto ninguém é normal.* Rio de Janeiro: Bestbolso, 2011, p. 16.

Recorrendo a esses autores é possível compreender um pouco das razões que levam um indivíduo a trair, assim como esboçar um perfil do amante que se escolhe como parceiro de aventura.

Padrões de infidelidade

Segundo Pittman[10], a infidelidade apresenta padrões diferentes, dependendo da etapa do casamento em que acontece.

• *Fase inicial* — *os primeiros dois anos*
A infidelidade que se manifesta logo no início do casamento representa menos de um quarto dos adúlteros que chegam à terapia. Tais pessoas parecem rejeitar a ideia de casamento e não conseguem estabelecer um vínculo forte com o cônjuge. São majoritariamente homens, para os quais nenhuma mulher parece merecer sua fidelidade por muito tempo, seja ela esposa ou amante. A maioria dos casamentos em que os casos extraconjugais começam cedo acaba em divórcio. Contudo, o traidor casa de novo — raramente com uma amante — para logo em seguida retomar o velho comportamento e, mais uma vez, se divorciar. Dificilmente alguém que começa a trair no início do casamento se torna um marido fiel para a atual esposa ou para as seguintes. A infidelidade é uma marca de sua conduta.

• *Fase intermediária* — *do segundo ao décimo ano de casados*
Adúlteros que surgem na fase intermediária do casamento são a maioria. Neste caso, os infiéis são tanto homens quanto mulheres que vivem casamentos aparentemente

---

[10] Pittman, op. cit., p. 123.

problemáticos, em que ambos os cônjuges podem ter casos. Eles valorizam o casamento, mas têm dificuldade em fazê-lo dar certo, usando os casos extraconjugais como válvula de escape, em uma tentativa desesperada para manter o próprio casamento. Menos da metade acaba em divórcio e, quando acontece, raramente se casam com a/o amante. Acontece, porém, de alguns divorciados casarem-se novamente com o antigo cônjuge. Apesar de todos os conflitos e da existência de uma relação paralela, a energia emocional sempre esteve no cônjuge, sendo a/o amante uma personagem contingencial.

• *Fase avançada* — *após os dez anos de casados*
Pessoas que se tornam adúlteras após muitos anos fiéis representam um terço dos casos de infidelidade e são tanto homens quanto mulheres. São indivíduos que acreditam em casamento e em vínculo conjugal. Costumam ter apenas um caso em toda a vida e constituem o único tipo de infiel que se envolve com a/o amante a ponto de se divorciar e casar com ela/ele. São monogâmicos convictos e manter um caso extraconjugal causa um grande sofrimento para o infiel, que se sente dividido entre duas pessoas. Metade deles opta pelo divórcio.

O que está por traz desses padrões?

É preciso, antes de mais nada, dividir as pessoas entre as que acreditam em monogamia e as que não acreditam. As pessoas do primeiro grupo usam uma série de justificativas que, na verdade, apenas revelam o fato de que estão em crise, de que estão em uma busca desesperada por socorro. Não raramente, são abatidos por grande sentimento de culpa. Dentre o segundo grupo estão aquelas que acham que exclusividade sexual é contrária à natureza humana, que todo mundo tem casos extraconjugais e que elas têm direito a exercer sua liberdade. Em ambos os grupos, porém, as pessoas são infiéis quando não estão satisfeitas com suas vidas. Estão em busca de algo que as preencha ou que, pelo menos as entorpeçam.

Se nós, "primatas existencialistas", buscamos criar vínculo com alguém em particular para, por meio do amor, vencer o vazio existencial e encontrar sentido, por que, então, traímos a relação que nós mesmos escolhemos? Depois de nos livrarmos do casamento por conveniência e passarmos a decidir por conta própria, com base em critérios sexuais e afetivos, quem nos será íntimo, por que somos infiéis?

Será que os 60% dos homens e os 47% das mulheres da classe média carioca do final dos anos 1980 que afirmaram já ter traído[11], simplesmente, escolheram errado? E o que dizer dos 56% de homens americanos envolvidos em um caso extraconjugal que descreveram seus casamentos como "muito felizes"[12]? Será que os infiéis são polígamos frustrados, aos quais fora imposto o anacrônico casamento monogâmico?

Ao que parece, infidelidade tem menos a ver com o casamento ou com o cônjuge do que com o infiel — suas crenças, seu anseios, suas crises e, inclusive, seus hormônios. Conforme afirma Amen[13],

> baixos níveis de testosterona podem ser uma significativa causa de crises de meia-idade e divórcio. Conforme os níveis de testosterona dele caem, ele se sente mais negativo, culpa sua mulher, a qual está tendo suas próprias questões

---

[11] Goldenberg, op. cit., 2010, p. 182.
[12] Andrew Trees. *Decodificando o amor*. São Paulo: Prumo, 2009, p. 62.
[13] Daniel G. Amen. *Change Your Brain, Change Your Body*. New York: Three Rivers Press, 2010, p. 140.

hormonais, e olha para fora do casamento para se sentir jovem novamente. É óbvio, o novo amor normalmente não o faz mais feliz.

A ciência também descobriu que a razão e a força de vontade podem ter outras pressões biológicas contra as quais lutar para manter um homem fiel. Enquanto o comportamento viril está ligado à testosterona, o instinto de formar vínculos e cuidar da prole está ligado, no homem, ao neuro-hormônio vasopressina. Descobriu-se recentemente que "há um gene responsável por um tipo particular de receptor de vasopressina no cérebro."[14] Em experimentos com animais, observou-se que machos com a versão mais longa do gene para o receptor de vasopressina mostraram-se mais monogâmicos, passando, até mesmo, mais tempo lambendo suas crias. Entre os humanos, este gene existe em pelo menos 17 comprimentos diferentes[15], refletindo a grande variação entre indivíduos no que se refere à predisposição à monogamia.

Ainda que certos indivíduos sejam geneticamente mais propensos à infidelidade do que outros, todos nós temos armas químicas para estabelecer e reforçar vínculos afetivos. O problema é que nem sempre essas armas são fortes o suficiente para proteger o casamento contra o ataque de um cônjuge infiel. A oxitocina[16] é um hormônio produzido tanto pela mulher quanto pelo homem em menor dose, que promove a sensação de segurança e aconchego, estimulando circuitos cerebrais relacionados à confiança e ao amor romântico. O fato de ser fortemente estimulada pelo tato torna a produção

---

[14] Brizendine, op. cit., 2006, p. 73.
[15] Idem.
[16] Brizendine, op. cit., 2010.

de oxitocina vulnerável a crises conjugais. Quando um casal começa a se afastar emocionalmente, seja pela rotina estressante, seja por questões existenciais dos cônjuges, reduzem-se os momentos de carinho e de toque. Mesmo que ainda haja sexo, este tende a se tornar "burocrático", reduzindo-se a um mínimo "exigido" pelo contrato matrimonial. Como consequência, há uma baixa significativa nos níveis de oxitocina do homem e da mulher, o que os faz se sentirem mais distantes, mais inseguros. Inicia-se, assim, um ciclo vicioso de afastamento, apagando aos poucos a memória de uma história compartilhada de prazer e confiança. Sem o reforço de experiências mútuas prazerosas e positivas, a produção de oxitocina cai drasticamente, abrindo espaço para que outra pessoa rompa a intimidade do casal.

Enquanto se fala em testosterona e gene do receptor de vasopressina, tem-se a impressão de que apenas a infidelidade masculina é influenciada pela natureza. Antes que se pretenda "perdoar" as escapadas dos homens com base neste tipo de argumento, vale considerar que, segundo sugere a biologia evolucionista[17], as mulheres teriam evoluído para se sentirem sexualmente atraídas por homens mais fortes e bonitos, mesmo que prefiram formar vínculos duradouros com homens mais fracos e feios, mas que tenham perfil de atencioso e responsável. Assim, a mulher infiel também poderia ser "perdoada", pois, afinal, ela estaria agindo a favor do interesse da espécie ao buscar para seu filho o melhor genoma no amante e os melhores recursos no marido.

Tanto homens quanto mulheres modernas são suficientemente racionais e estratégicos para controlarem seus impulsos em troca da preservação de vínculos benéficos em

---

[17] Diamond, op. cit.

longo prazo. Isto faz com que se manter fiel seja mais uma questão de "intenção" do que de "inclinação"[18]. Entretanto, a infidelidade atualmente parece ser mais motivada por solidão do que por impulso; mais por insegurança existencial do que por instinto; mais por fraqueza psicológica e moral do que por poder. E nestas circunstâncias, a oxitocina fala mais alto do que a testosterona e o estrogênio. Homens e mulheres que não se tocam, que não se afagam, sofrem de uma carência crônica de oxitocina. Curiosamente, muitos também devem estar com seus níveis de testosterona e estrogênio baixos (principalmente aqueles acima dos quarenta anos). Quando, eventualmente, surge alguém que os toque, a descarga de oxitocina os inebria. Homens e mulheres, literalmente, perdem o juízo. E eles traem.

Logo, trair parece natural. Mas nós somos mais do que natureza. Foi a partir do momento que aprendemos, como espécie, a dominar a natureza que havia em nós que nos tornamos humanos. A conquista do conhecimento sobre o bem e o mal, apesar de todo o bem que nos trouxe, teve seu custo. Da mesma forma, cultivar uma relação duradoura que nos traga segurança também cobra seu preço. Por que algumas pessoas acham que controlar seu impulso e refrear seu desejo seja um preço tão alto? O que está além da suscetibilidade às ondas hormonais? Quais são as razões que se escondem por trás dos casos extraconjugais?

É preciso diferenciar as "explicações" das verdadeiras "razões" pelas quais tantas pessoas arriscam um projeto de vida com alguém, ameaçam a estabilidade emocional dos filhos, além de se exporem ao contágio de doenças sexualmente transmissíveis por sexo episódico ou por relacionamentos furtivos.

---

[18] Pittman, op. cit., p. 40.

Explicações dos infiéis

Uma das consequências da revolução sexual dos anos 1960 e da revolução dos gêneros da década de 1980 foi o questionamento do "duplo padrão"[19] segundo o qual a esposa deveria manter-se fiel e aceitar as "puladas de cerca" do marido. A partir de então, as mulheres sentiram-se no direito de rejeitar a humilhação, divorciando-se do marido traidor. Ao mesmo tempo em que o crescimento do individualismo promove a busca de homens e mulheres por oportunidades de autoexpressão, muitas vezes traduzida em experiências e relacionamentos sexuais, a infidelidade masculina deixa de ser automaticamente aceita, exigindo uma certa elaboração de justificativas.

É nesse contexto que os adultos do final dos anos 1980 entrevistados por Goldenberg, Velho ou Pittman explicam seus casos extraconjugais. Ao contrário do passado, quando as mulheres precisavam esconder a traição a todo custo, e os homens poderiam até se vangloriar de suas aventuras, as gerações atuais se sentem compelidas a refletir sobre seus atos, usando toda a bagagem psicologizante de que dispõem para encontrar as razões para seus atos de infidelidade. Em outras palavras, mais do que individualistas, estes indivíduos se tornaram reflexivos, dando-se, agora, ao trabalho de explicar o que antes podia ser, simplesmente, acidental.

Com base em mais de vinte anos de pesquisas e milhares de entrevistados, Miriam Goldenberg[20] é capaz de elencar as principais explicações dadas pelas pessoas para a traição que cometeram, identificando padrões distintos nos discursos de homens e mulheres.

---

[19] Pittman, op. cit., p. 156.
[20] Goldenberg, op. cit., 2010 e 2011.

As explicações femininas tendem frequentemente a atribuir a culpa ao marido. Elas dizem traí-los porque eles as deixam insatisfeitas, porque falta intimidade, porque eles têm defeitos que as incomodam ou porque eles as rejeitam. Aliás, muitas são as mulheres que traem por vingança e para recuperarem sua autoestima após terem sido, elas próprias, traídas. A pesquisadora alega ter encontrado

> um número significativo de mulheres que traem porque não se sentem mais desejadas pelo parceiro. Para elas, ser desejada é a prova de que seus corpos são capazes de despertar o interesse masculino.[21]

Não corresponder ao ideal de beleza causa angústia em muitas mulheres, o que as faz perder o desejo de manter relações sexuais com seus maridos. A insegurança com a imagem e o "fantasma" demograficamente reforçado de ser trocada por uma mulher mais nova, somados a um cotidiano, muitas vezes, estressante e entediante, configuram a versão feminina da crise conjugal.

A crise conjugal se apresenta como a principal justificativa para a infidelidade tanto de homens quanto de mulheres. A crise é vista como um fenômeno autônomo, que está fora do controle dos cônjuges. Diante da sua complexidade, ambos se sentem vítimas impotentes, para quem a traição soa como um ato de desespero.

Na perspectiva masculina, a crise conjugal costuma estar relacionada a momentos decisivos da vida, tais como o surgimento do primeiro filho, mudanças no trabalho ou a presença do primeiro fio de cabelo branco. Ainda que reconheçam uma crise pessoal ou no relacionamento, os

---

[21] Goldenberg, op. cit., 2011, p. 29.

homens parecem assumir mais a responsabilidade pela infidelidade do que as mulheres. Muitos recorrem ao trivial argumento de "uma natureza masculina mais propensa à infidelidade"[22]. Neste ponto, porém, monogâmicos discordam dos polígamos inveterados e dos garanhões ao acreditarem que esta natureza deva ser "controlada em favor de algo muito mais importante, que é o compromisso amoroso"[23]. Quando não conseguem controlar seus impulsos e traem, os homens que acreditam em monogamia assumem sua culpa recorrendo a motivos como: "necessidade de autoafirmação, imaturidade, carência, fragilidade, assédio feminino"[24]. Embora, por vezes, se queixem das esposas por fazê-los se sentirem incompreendidos, desrespeitados ou desnecessários, os homens não as culpam pelo comportamento deles. Isto não significa, contudo, que eles reconheçam toda a responsabilidade pela traição, já que alegam a participação de amigos homens, que os incentivam a provar que ainda conseguem conquistar uma mulher bonita, e de outras mulheres, que os seduzem em momentos em que eles estão fragilizados. Por mais doloroso que seja encarar o rompimento do casamento ou por mais trabalhoso que seja renegociar o pacto nupcial, para muitos homens ainda é mais difícil enfrentar sozinhos suas crises pessoais. Considerando que a terapia é um recurso predominantemente feminino, na falta de pessoas íntimas que lhes apoiem, os homens recorrem às amantes.

Goldenberg[25] destaca que não houve qualquer monogâmico em sua pesquisa que apontasse "o desejo por outra mulher ou a necessidade de aventura como motivo para a

---

[22] Goldenberg, op. cit., 2010, p. 117.
[23] Ibidem, p. 117.
[24] Ibidem, p. 130.
[25] Idem.

infidelidade". Aqueles que, porventura, foram infiéis disseram que "sofreram muito e se arrependeram da traição que, acreditam, não se repetirá". Apesar da frequência em que possa ocorrer, entre as camadas médias urbanas do Rio de Janeiro o comportamento infiel "continua sendo percebido como um desvio, um problema gravíssimo e inaceitável, mesmo para aqueles que o praticam"[26].

Razões dos infiéis

Antes de apresentar as razões por trás dos casos de infidelidade que atormentavam seus pacientes durante décadas, Pittman também separou os indivíduos que acreditam em monogamia dos que não acreditam. Segundo ele[27], as explicações dadas por aqueles que não foram convencidos de que a fidelidade conjugal é possível podem ser agrupadas em três categorias:

1. "Infidelidade é natural e algo que todo mundo faz." São os polígamos convictos. Não acreditam no casamento.
2. "Seus casos não prejudicam ninguém e é problema só deles." Ninguém tem que se meter — nem mesmo o cônjuge. Para esses, casamento não é um acordo entre iguais. Seu interesse pessoal vem em primeiro lugar.
3. "Eles sentem uma forte atração por alguém." Não percebem que "atração" não justifica a ação. Isto é, não é porque se sente atraído por um produto na loja que se pode roubá-lo. Deve-se ser capaz de refrear a ação, não negando a existência da atração.

---
[26] Goldenberg, ibidem, p. 19.
[27] Pittman, op. cit., p. 118.

Os monogâmicos, por outro lado, tendem a se sentir confusos, não sabendo, ao certo, como se envolveram em um caso extraconjugal. Na tentativa de explicar, muitos mencionam a falta de intimidade dentro de casa, mesmo que o casamento e o sexo sejam considerados bons. Alguns poucos consideram ter cometido um erro na escolha do cônjuge, que julgam feio ou inferior. Muitos, porém reclamam da arrogância do cônjuge que os faz se sentir inferiores. Alguns, até mesmo disseram que tiveram um caso porque sentiam *raiva* do cônjuge — "porque só se interessa pelas crianças", "porque trabalha demais", "porque não trabalha"[28].

Os resultados de Pittman confirmam, em geral, o que os entrevistados de Goldenberg apontaram, inclusive no que diz respeito a serem vítimas da sedução feminina. "Esses homens pareciam acreditar que seria deseducado e pouco másculo recusar sexualmente uma mulher."[29] O que Goldenberg não explora é a importância do álcool e da história familiar do indivíduo como facilitadores para a ocorrência de casos extraconjugais. A este respeito, Pittman nota que vários de seus pacientes viram-se traindo quase que acidentalmente quando estavam alcoolizados e que a maioria deles alegou ter pais adúlteros.[30]

Isso leva a refletir quanto a infidelidade traz à tona as fragilidades do indivíduo. Carência de intimidade, insegurança quanto à própria sexualidade, suscetibilidade ao álcool, traumas infantis, tudo isso aponta para quanto pode ser difícil para uma pessoa honrar um acordo e manter-se fiel a uma relação de confiança em momentos de fragilidade. Por mais que seja racional — e, inclusive, moral — manter-se fiel, nem sempre

---

[28] Ibidem, p. 129.
[29] Idem, p. 129.
[30] Ibidem, p. 128.

Infidelidade

a pessoa está emocionalmente preparada para o que implica tal decisão. Muitas são as razões que levam alguém a agir de forma irracional, prejudicando seus próprios interesses e daqueles que ama. Pittman[31] sintetizou as principais razões em quatro perfis de infidelidade, os quais identificou como: "acidente", "romance", "galinhagem" e "arranjo marital".

A infidelidade por "acidente" é como, provavelmente, a maior parte das traições começa. Sem ninguém planejar, quando menos espera, "acontece"! Apesar da excitação, predominam a culpa e a ansiedade. Ele sente que se deixou levar pelas circunstâncias, contrariando seu comportamento habitual. Ele sabe que errou e reconhece que está em crise. O desfecho do caso, porém, dependerá da atitude do infiel. Ele poderá confessar seu erro, enfrentar a raiva do cônjuge, tentar resgatar a intimidade no casamento e resolver sua crise, saindo fortalecido para resistir ao impulso à infidelidade.

Entretanto, o que poderia ser apenas um episódio lamentável, mas irrelevante, ganha proporções e evolui para um "romance", caso acredite que a única explicação para ter feito tal coisa é estar apaixonado. Para o romântico, a paixão supera qualquer culpa, fazendo-o esquecer o casamento e a família. "O fenômeno da paixão tende a ocorrer em pontos de transição na vida das pessoas, e pode servir ao propósito de distraí-las de terem que mudar e se adaptarem a novas circunstâncias ou a novos estágios de desenvolvimento."[32] Ao contrário do amor maduro, que traz segurança e força para enfrentar desafios, a paixão desestabiliza. Salvo entre adolescentes, para os quais o envolvimento erótico é um importante aprendizado, o romance serve como fuga, desviando o indivíduo de suas responsabilidades e de seus projetos.

---

[31] Ibidem, p. 132.
[32] Ibidem, p. 182.

Outros indivíduos — na grande maioria, homens — podem sentir-se tão confortáveis com a situação experimentada em um caso acidental que chegam ao ponto de se transformarem em infiéis inveterados. São atraídos para a "galinhagem" aqueles que têm medo de criar vínculos com o sexo oposto e aqueles que, por algum motivo, não acreditam no casamento como um compromisso entre iguais. Para eles, "escapar do controle feminino é uma afirmação de masculinidade"[33]. Mas também existe um número pequeno, mas crescente, de mulheres inclinadas à "galinhagem". São mulheres que "vão, através de uma série de seduções hostis, usando sexo para exercer poder sobre os homens"[34]. Essas pessoas têm muita dificuldade em mudar de comportamento, e só o fazem se puderem ser convencidas de que estão prejudicando a si próprias e a quem consideram importante. Pittman[35] afirma ser a "galinhagem" um vício e, como tal, é um comportamento que traz muito sofrimento para a família e somente com muito esforço o "viciado" tem chance de mudar.

Há um certo tipo de situação conjugal em que o casal decide permanecer casado, por qualquer razão que seja, apesar de problemas que considera insolúveis. Nesse caso, a relação extraconjugal aparece como um acordo tácito entre os cônjuges que enxergam a presença de uma terceira pessoa como uma forma de estabilizar sua própria relação, amenizando e tornando mais tolerável a infelicidade que consideram inevitável. Esses indivíduos optam por um "arranjo marital" que permite que haja sexo e intimidade com uma terceira pessoa, resguardando-se algum tipo de vínculo conjugal. Esses casos não seriam considerados propria-

---

[33] Ibidem, p. 157.
[34] Ibidem, p. 174.
[35] Ibidem, p. 181.

mente infidelidade, uma vez que há consentimento entre os esposos. Nem por isso, porém, esse tipo de adultério é menos danoso para o casamento do que os outros. A existência de um amante reforça a decisão do casal, nem sempre consciente, de desistir de investir na intimidade, preferindo não se esforçar para resolver os problemas no relacionamento.

O quadro[36] a seguir ilustra as conclusões de Pittman, relacionando o perfil do infiel com a fase do casamento em que ocorre a infidelidade.

FASE	PERFIL			
	Monógamos		Polígamos	
	Acidente	Romance	Galinhagem	Arranjo Marital
Inicial				
Intermediária				
Avançada				

Um acidente pode ocorrer por muitas razões: curiosidade, prazer em seduzir, pressão social, solidão, álcool. Para evitar conquistas "acidentais", só mesmo tendo firme o valor da fidelidade e o respeito pelo cônjuge. Entretanto, ao se deparar com um evento como este, o indivíduo pode considerar que está fora de seu juízo perfeito e evitar que o incidente ganhe maiores proporções. Porém, outras vezes, movido por um romantismo reminiscente, decide se entregar àquela oportunidade com toda sua energia — com grande prejuízo para o casamento que, a princípio, não tinha nada de errado, ou seja, o que poderia ser apenas uma atitude descuidada e irresponsável pode transformar-se em um relacionamento extraconjugal — e uma forte ameaça de divórcio.

Um caso extraconjugal nem sempre começa por acidente. Muitas vezes o infiel sai em busca de, ou se abre para,

---

[36] Elaborado pela autora.

um amante. Essas pessoas imaginam que, por meio de um caso romântico, conseguirão resolver suas crises (pessoais ou conjugais), preenchendo seus vazios. Isso não significa que elas não sejam monogâmicas, que não acreditem no casamento, nem que deixaram de amar seus cônjuges. Elas, simplesmente, estão em crise e não consideram que ser infiel seja um mal tão grande quanto o sofrimento que estão sentindo. Elas tentam acreditar que "o que os olhos não veem o coração não sente", que ninguém sairá ferido se o segredo for mantido. Elas não querem, a princípio, acabar com o casamento. Elas só querem "aproveitar a vida", "sentir desejadas", "provar que ainda conseguem conquistar alguém", "sentir-se úteis, necessárias e respeitadas". Em uma sociedade em que as marcas do romantismo ainda estão presentes, o traidor acredita que o pecado da traição possa ser perdoado em nome da paixão.

Embora as traições acidentais e os romances sejam mais comuns nos casamentos modernos, mais simétricos e igualitários, a "galinhagem" e os "arranjos maritais" ainda sobrevivem graças à dupla moral segundo a qual a mulher deve permanecer fiel e o marido pode expressar sua masculinidade em outras camas. A "galinhagem" poderia ser justificada tanto com argumentos biológicos (testosterona, gene receptor de vasopressina) quanto psicológicos (raiva do sexo oposto, insegurança quanto à própria sexualidade), mas tal comportamento, certamente, é reproduzido graças à cultura que, se não valoriza, pelo menos aceita o perfil "*machoman*". Da mesma forma, os "arranjos maritais" são acordos que sobrevivem há tempos alimentados pela ideia de que a esposa é mulher séria e que homem deve buscar sexo na rua. Contudo, depois da liberação sexual feminina, hoje também podem ser encontrados "arranjos" em que tanto o marido quanto a mulher têm casos. Para essas pessoas, há inúmeras razões para permanecerem casadas. O vínculo conjugal, porém, será diferente.

Com quem se trai?

A escolha de um amante é muito mais inconsequente do que a escolha de alguém para casar. Presume-se, frequentemente, que o amante é sempre mais bonito, mais atraente ou "melhor de cama" do que o cônjuge. Contudo, amantes não deveriam se sentir tão envaidecidos — nem os cônjuges, tão humilhados. Muito provavelmente, não há nada de tão especial na pessoa com quem se trai. Ela simplesmente estava disponível em um momento em que o infiel estava fragilizado. Assim, a principal característica de um amante é a *disponibilidade imediata*[37]. Para que alguém tenha utilidade como amante, em primeiro lugar, é preciso que seja de *fácil* acesso. Afinal, um infiel está sujeito às inúmeras restrições que estar casado implica — horário para chegar em casa, fins de semana com as crianças, compromissos de família —, além da pressão para manter o caso em segredo. Portanto, se "a Outra" (ou "o Outro") não tiver disponibilidade sempre que o infiel solicitar, não há encontro, não há caso, não há infidelidade.

A segunda característica que um amante deve ter é ser *diferente* do cônjuge nos aspectos que incomodam o infiel. Nem melhor, nem pior. Apenas diferente. A "diferença" aponta para o "problema" para o qual o caso parece ser a cura[38]. Um homem que se sente ameaçado pela força e independência da esposa poderá procurar uma amante frágil, que precise de sua ajuda. Uma mulher que percebe que está envelhecendo e receia ter perdido a capacidade

---

[37] Pittman, op. cit., p. 43.
[38] Ibidem, p. 42.

de sedução buscará um homem mais jovem, que elogie seu charme e disposição.

Visto por esse ângulo, não é tão difícil ser aceito como amante. Basta identificar alguém que esteja disposto a ser infiel, diagnosticar sua principal carência (aquela por trás da crise que levou a decidir trair), e se colocar disponível para supri-la. O candidato (ou candidata) não precisa ter receio de não parecer apaixonado, pois adultos em crise agem como adolescentes e tendem a acreditar em qualquer conversinha ao pé do ouvido, dita com afagos e carícias.

É verdade que nem todos os amantes planejam ter este destino. Alguns se veem como parceiros em um caso extraconjugal mesmo sonhando com o casamento perfeito. De uma forma ou de outra, a maioria deles compartilha certos traços de personalidade que os distingue dos indivíduos que, ativamente, investem no casamento[39]. Estranhamente, essas pessoas tendem a procurar parceiros entre os casados, e não entre os solteiros, isto é, de alguma forma, aproximam-se de pessoas com quem não podem se casar e para quem a relação representa um risco. Desacreditam no casamento, não tendo qualquer pudor em destruir vínculos conjugais. Parecem desprezar ou ter raiva do sexo oposto, nunca confiando inteiramente, a não ser quando se apaixonam. Neste caso, a valorização do romance não significa, contudo, que acreditem em casamento estável.

Por mais que muitas amantes aleguem sonhar que o homem largue a esposa e se case com elas[40], falta-lhes confiança de que com elas seria diferente, que não seriam também traídas. São pessoas que não consideram ser possível manter um relacionamento satisfatório, ou até mesmo feliz, quando

---

[39] Ibidem, p. 253.
[40] Goldenberg, op. cit., 2010.

não há amor romântico. Por isso, mesmo inconscientemente, sabotam as oportunidades reais de casamento, preferindo sair em busca de emoção em novas relações sempre que o romance esfria.

Há, porém, aquelas pessoas que, embora não acreditem em casamento em termos existenciais, consideram-no bastante vantajoso em termos práticos, possibilitando segurança financeira e ascensão social. Homens solteiros, em particular, que preferem se tornar amantes a assumir o papel de marido "são frequentemente mendigos emocionais, tentando conseguir alguns benefícios sem o risco de compromisso ou responsabilidade"[41]. Em geral, homem que quer casar não busca mulheres comprometidas.

É possível reconhecer certos perfis entre os indivíduos que estão dispostos a assumir um "comportamento desviante"[42] atuando como cúmplices de adúlteros em um mundo que, apesar de tudo, valoriza a fidelidade e o casamento monogâmico[43].

O perfil do "outro"

• *O garanhão*

O "garanhão" é o homem que se sente à vontade na "galinhagem". Como circular em lugares badalados, flertar e conquistar consomem tempo e dinheiro, casados ou solteiros, eles acabam sendo menos bem-sucedidos do que o esperado. O fracasso torna mais difícil encarar a família, a esposa e seus amigos "sérios", fazendo-o preferir a companhia de

---

[41] Pittman, op. cit., p. 254.
[42] Goldenberg, op. cit., 2011, p. 16.
[43] Pittman, op. cit., p. 29, afirma que "algo em torno de 85% de nós acredita que monogamia é o ideal".

mulheres "inferiores", menos exigentes[44]. Embora o garanhão tenha muitas amantes, é difícil ele próprio se tornar um amante, já que seu perfil não é tão valorizado pelas mulheres casadas — ao menos de seu nível social. Quando uma esposa trai, ela costuma dar preferência a quem está próximo, alguém de seu círculo de amizades[45], alguém com quem tem intimidade. "Garanhões" são o estereótipo do macho. Eles não prezam a intimidade com o sexo oposto. Entretanto, seu estilo sedutor e inconsequente pode atrair esposas traídas com baixa autoestima e em busca de vingança.

• *O carente*

"Garanhões" não são os únicos homens a terem dificuldade em sair da adolescência. Há também aqueles que preferem permanecer solteiros porque não querem assumir o compromisso de ser responsável por alguém. Ao contrário dos "garanhões", o homem "carente" valoriza o sexo oposto e gosta de intimidade, mas é muito imaturo para enfrentar o risco de fazer seu casamento fracassar. Ele é um romântico e está disposto a fazer qualquer coisa por sua amada — desde que não precise casar com ela. Por isso o "carente" se encaixa tão bem nas necessidades de uma esposa que se sente solitária, cujo casamento perdeu o encanto, cujo marido se transformou em "colega de quarto". Mas ela continua amando o marido, gosta da vida em família e não quer terminar o casamento. Este tipo de amante é conveniente para ela, que quer apenas se sentir desejada e ter um pouco de emoção. Ele é o cavaleiro que a faz sentir-se uma donzela adorada.

---

[44] Ibidem, p. 160.
[45] Ibidem, p. 122.

• *O coroa bem-sucedido*

O "coroa bem-sucedido" existe em qualquer estado civil: solteiro, viúvo, divorciado, e, principalmente, casado. Não costuma ter a beleza ou o vigor da juventude, mas já passou dos quarenta anos — tempo suficiente para demonstrar seus talentos como provedor. Como amante, ele é adequado para dois tipos extremos de esposas infiéis. O primeiro tipo é a mulher relativamente jovem, casada com um homem aproximadamente da mesma idade, com quem tem, talvez, uma relação romântica e sexualmente intensa, mas que não é capaz de satisfazer seus desejos materiais ou sua necessidade de *status*. Um "coroa bem-sucedido" como amante é a oportunidade que ela tem de conseguir presentes e favores que lhe permitam ascender socialmente. Uma vez que ela gosta do marido e quer manter o casamento, o melhor é encontrar como amante um "coroa bem-sucedido" *casado*. Os disponíveis poderiam se apaixonar e querer casar, colocando-a na difícil situação de ter que escolher entre os dois homens. O segundo tipo de esposa infiel é aquela que é infeliz no casamento, não tem mais vínculo emocional com o marido, mas tem medo de se divorciar e acabar sozinha e desprotegida. Para esta mulher, um amante é um potencial candidato a segundo marido. Por isso ele deve ser pelo menos tão bem-sucedido quanto o marido atual. Do contrário, ela pode ter seu padrão de vida prejudicado. Ainda que seja financeiramente independente, casar com um homem considerado "inferior" é algo que as mulheres preferem evitar. Assim, o melhor amante para este tipo de mulher é o "coroa bem-sucedido" *disponível* — solteiro, viúvo ou divorciado. Mas ela não dispensaria um *casado* se acreditasse poder convencê-lo a trocar sua esposa por ela.

O perfil da "outra"

• *A vadia*

Atualmente reconhecida como "periguete" e no passado como "perdida", a "vadia" é a categoria de mulheres que, por algum motivo, tiveram seu valor de troca rebaixado no mercado matrimonial. Na falta de berço ou carreira, essas mulheres dependem de um homem para sobreviver, para pagar seus luxos ou para ascender socialmente. Usam de forma deliberada seus atributos físicos para seduzir homens bem-sucedidos. São como Cinderelas que se sentem injustiçadas pela vida. Nasceram para serem princesas, mas o mundo insiste em trancafiá-las no porão. Mas elas usarão toda sua sedução para atrair o príncipe encantado — mesmo que ele já esteja casado. Este perfil de mulher apela aos instintos masculinos mais básicos, tornando-se, mais do que uma ameaça, uma concorrência desleal para as esposas, as quais, devido a seu papel no lar, teriam mais dificuldade em estimular o lado viril de seus maridos. Tanto a "mulher séria" quanto a "vadia" estão submetidas à dominação masculina. Enquanto o controle da infidelidade da primeira é exercido por meio da culpa e do medo de comprometer sua dignidade, o da segunda é feito por meio do "comparecimento" do homem que a sustenta e da oferta de "presentes". Embora pareça motivada apenas por oportunismo econômico, o exercício da sedução também a interessa. Ela adora os homens e os glorifica[46]. A "vadia" é, talvez, o tipo de amante mais frequente, já que apela para todo tipo de homem: o garanhão, o carente, o coroa bem-sucedido, o garotão bonito, mas pobre, o marido fiel inseguro, o marido fiel seguro, o marido infiel. Enfim, todos aqueles machos que, em algum

---

[46] Ibidem, p. 174.

momento, deixam a razão fraquejar e perdem o controle sobre seus instintos podem vir a ter uma amante "vadia".

• *A malcasada*
É possível afirmar que a grande maioria das esposas infiéis é mal-casada. Elas se ressentem da falta de intimidade com o marido, queixam-se de seus defeitos, responsabilizando-o pelas frustrações, pelo tédio e pela solidão. Elas têm problemas no relacionamento com os quais não sabem lidar e procuram em um amante forças para levar mais um dia de casamento. Algumas perdem as esperanças e, mais do que romance, elas saem em busca de um marido substituto. Há homens solteiros, viúvos e divorciados que podem desempenhar o papel de seu amante. Mas quando escolhem um homem casado, elas se tornam, elas próprias, amantes. A amante "malcasada" é, em termos gerais, muito parecida com a esposa do homem com quem ela sai — pois esta também é malcasada. Ela não deve ser nem mais atraente, nem mais interessante, nem mais inteligente do que a esposa traída. Por que o homem manteria um caso destes? A questão é que a amante "malcasada" complementa seu casamento e vice-versa, pois ele também deve se parecer com o marido traído. Estes amantes poderiam ser grandes amigos se não houvesse a tensão sexual, pois o que eles buscam é o que não estão conseguindo encontrar em seus próprios cônjuges: intimidade. A relação entre eles poderia ser bastante benéfica aos dois indivíduos e a seus respectivos casamentos se conseguissem expressar a intimidade de outra forma que não fosse o sexo.

• *A mulher independente*
A "mulher independente" não quer ser confundida com a "vadia" — aquela cujas

roupas curtas e coladas, os cabelos longos e alisados, as cirurgias plásticas, os acessórios cor-de-rosa e, especialmente, a voz e o comportamento [que] revelam uma geração de mulheres que já passou dos 40 e age como se tivesse 20 anos. Mulheres que gostam de ser vistas como meninas frágeis e delicadas, que mendigam pela proteção masculina e que se recusam a amadurecer.[47]

Entretanto, assim como a "vadia", a "mulher independente" também está disposta a ter caso com homens casados. Herdeira do feminismo, a "mulher independente" se espelha nas "primeiras transgressoras"[48] que abriam mão da virgindade e do casamento e, por vezes, criavam filhos sozinhas. Assim como elas, a "mulher independente" não se torna amante por dinheiro — visto que é independente, tem uma carreira profissional —, mas por "idealismo", em nome da emancipação. Influenciada pelo existencialismo de Simone de Beauvoir, a primeira geração de "mulheres independentes" ridicularizava o casamento e fugia dele como quem foge de um opressor. Contudo, elas acreditavam em amor, ainda que fugaz. As "mulheres independentes" das últimas décadas — as "Outras" pesquisadas por Goldenberg — ainda buscam o amor, mas não parecem mais tão descrentes do casamento. "Apesar de valorizarem seu relacionamento amoroso, demonstram o desejo de serem únicas, desejo que aparece das mais diferentes maneiras, inclusive na vontade de casar legalmente com o amante."[49] Algumas acreditam tanto no casamento, em relacionamento íntimo durável e em responsabilidade, a ponto de sacrificarem a chance de se casar (demograficamente, cada

---

[47] Goldenberg, op. cit., 2010, p. 35.
[48] Del Priore, op. cit., 2011b, p. 288.
[49] Goldenberg, op. cit., 2010, p. 64.

vez menor conforme o tempo passa) para, como amante, ajudar a manter seu homem em um casamento que ela presume ser infeliz. Afinal, ele tem deveres e ela o ama e o apoiará. Esta mulher — "independente, inteligente, moderna e livre, vivendo uma relação igualitária e fruto de uma escolha sua e do amante"[50] — é capaz de dedicar anos de sua vida como a terceira parte em um "arranjo marital".

◆◆◆

Comparando pesquisas do Datafolha realizadas em 1998 e 2007, Miriam Goldenberg[51] conclui que "a fidelidade, com o passar dos anos, tornou-se um valor ainda mais básico para os casais brasileiros". Enquanto no final da década de 1990 a "fidelidade" era apontada como a terceira coisa mais importante em um casamento, dez anos mais tarde ela assumiu o primeiro lugar, na frente, inclusive do "amor".

Até que ponto estamos nos distanciando do ideal romântico e nos tornando mais pragmáticos? Estaria a valorização da fidelidade relacionada ao surgimento de uma sociedade mais igualitária, em que a educação e o trabalho femininos levariam a relações conjugais mais simétricas?

A monogamia funciona, mas para garanti-la é fundamental que se destruam certos mitos sobre a infidelidade ampla e perigosamente aceitos. Pittman[52] dedicou décadas de sua carreira ao esforço de mostrar que:

1. Infidelidade não é um comportamento normal, mas sim o sintoma de um problema.

---

[50] Idem.
[51] Ibidem, p. 117.
[52] Pittman, op. cit., p. 51.

2. Casos são perigosos e podem, facilmente, acabar com um casamento.
3. Casos podem ocorrer em casamentos que antes eram bons.
4. Casos envolvem sexo, embora sexo não costume ser o propósito do caso.
5. Ninguém pode ser culpado pelo caso do outro.
6. Casos são alimentados pelo segredo e são ameaçados pela exposição.
7. Casamentos podem, com esforço, sobreviver a um caso, se o caso for exposto.

Infelizmente, nem todos os casamentos têm a chance de reagir ao estrago causado pela infidelidade e acabam em rompimento.

8. Rompimento

A realidade física mostra que dois corpos não podem ocupar o mesmo lugar no espaço ao mesmo tempo, assim como a realidade humana mostra que dois amores não podem ocupar o mesmo coração ao mesmo tempo. Se um novo amor entra, o antigo acaba saindo. É humanamente impossível dividir a atenção que o amor erótico requer com mais de uma pessoa. Ao contrário do amor fraterno, que é universal, o amor erótico implica exclusividade. Podemos amar toda a população do planeta de uma só vez, sem que ninguém se queixe que não está recebendo a atenção que merece. O amor erótico, contudo, demanda muito esforço, muita dedicação. Quando amamos alguém eroticamente, só temos olhos para aquela pessoa, só ela é especial, só ela compartilha nossa vida íntima, nossos pensamentos, nossos anseios. Se desviamos o olhar para outra pessoa, rompemos o elo que nos unia. Deixamos de enxergá-la de forma especial. Ela se torna invisível para nossos olhos, ou melhor, ela passa a ser comum, pois a outra pessoa é que passou a ser única.

Mesmo entre as populações polígamas, a presença de uma terceira pessoa desestabiliza o vínculo do casal original e altera a dinâmica da família, causando impacto também nos filhos. Em culturas poligínicas e poliândricas, não se pode falar em "infidelidade" nem em "traição", visto que tomar uma segunda esposa ou esposo faz parte da norma social. Entretanto, a entrada de uma outra pessoa no casamento — ainda que legitimamente — não é aceita sem disputas ou sentimentos de ciúmes.

No relato autobiográfico da escritora somali Ayaan Hirsi Ali[1], as vidas de sua mãe e de sua avó — muçulmanas de famílias tradicionais — foram dramaticamente marcadas pela chegada de uma nova esposa para seus maridos. A avó, embora não tivesse ciúme da coesposa mais velha, sentiu-se profundamente humilhada ao ser preterida por uma terceira esposa mais jovem, a ponto de juntar seus filhos e abandonar o marido. A mãe fora uma mulher forte a ponto de ter a coragem de se divorciar do primeiro marido — homem rico e que "voltava toda noite para casa"[2], mas cuja aparência não lhe agradava — e, depois, casar "por amor". Contudo, o homem de sua escolha só a fez sentir-se abandonada. Sempre ausente, colocando sua missão política antes da família, o pai da escritora casou com uma terceira esposa sem mesmo avisar a sua mãe e, mais tarde, ainda casado com as duas, casou novamente com a primeira mulher, de quem tinha se divorciado anos antes. Ayaan descreve sua mãe amargurada e exaurida,

> por mais que ela se mostrasse fria e seca, eu sabia que aquilo a estava matando por dentro — tantos anos morando sozinha, dormindo sozinha, o abandono emocional e, agora, a rejeição pública. Ela se tornou mais hostil e passou a falar comigo da pior maneira possível. Começou a me bater novamente[3].

---

[1] Hirsi Ali, op. cit.
[2] Ibidem, p. 24.
[3] Ibidem, p. 160.

Ciúme e sentimento de rejeição não são exclusividade da alma feminina. A mesma dificuldade em se conformar com uma norma cultural que legitima a poligamia também é encontrada entre homens que compartilham uma mesma esposa. Estudando os índios Guayaki, o antropólogo Pierre Clastres notou que havia "sentimentos de irritação e de agressividade com relação ao outro marido da esposa"[4].

Por mais que, em termos agregados, a poligamia possa ser uma solução adaptativa para problemas de desequilíbrios demográficos, no íntimo, os indivíduos têm muita dificuldade em conviver com a ideia de dividir seus parceiros conjugais com outra mulher ou outro homem. Uma vez que tal fenômeno ocorre entre povos modernos e pré-modernos, não se pode explicá-lo como resultado da influência do individualismo e do amor romântico. Ao que tudo indica, a necessidade de se sentir único faz parte de nossa humanidade. Na tentativa de explicar o anseio humano pelo amor incondicional, Haddad[5] faz ressoar o pensamento freudiano:

> A exclusividade pretendida por ambos os parceiros [...] estaria ligada a uma imposição infantil poderosa, a qual a maioria dos sujeitos resiste a renunciar. Nada é mais gratificante do que a ilusão de possuir a fonte do amor incondicional, assim como nada é mais terrível do que perdê-la.

A infidelidade está relacionada às piores dores de amor. Ela aponta a ameaça de abandono e reaviva o sentimento de impotência diante do desejo do outro. Na au-

---

[4] Goldenberg, op. cit., 2010, p. 46.
[5] Haddad, op. cit., p. 172.

sência de normas culturais que imponham a exclusividade sexual, a liberdade de escolha do parceiro pode tornar-se insuportável. Sem a proteção cultural do passado, o casamento moderno — igualitário e simétrico — revela a fragilidade do acordo mútuo que faria um ser único para o outro. A consciência de que o ser amado, em nome da fruição do desejo, possa vir a quebrar a promessa de um vínculo exclusivo é capaz de desestruturar a vida de um indivíduo. A insegurança psicológica gerada prejudica a continuidade de projetos de vida e mesmo da condução de rotinas. O sofrimento de ser traído é incapacitante. A percepção de risco se altera e tudo o mais parece estar caminhando para o fim. O indivíduo sente-se desamparado e descrente, temendo que todas as esferas de sua vida sejam invadidas pela onda de fracasso de seu relacionamento. A esperança que um dia o animara dá lugar à dor dilacerante de perder a ilusão de ser especial.

Mulheres, principalmente na meia-idade, costumam confessar que se sentem "invisíveis". Homens, por outro lado, tendem a ser reservados, preferindo não falar de seus sentimentos. Contudo, o fato de não expressarem verbalmente não significa que eles também não sofram com a indiferença. Tal sensação se agrava quando, mesmo em segredo, o marido ou a mulher arrumam alguém e deixam de olhar — perceber, admirar — o cônjuge. Muitos indivíduos traem acreditando que nunca serão pegos e que "o que os olhos não veem o coração não sente". Os infiéis, portanto, imaginam que não prejudicam ninguém. Contudo, eles não fazem ideia de que o maior mal que podem infligir aos esposos é deixar de enxergá-los como alguém especial, como únicos. Uma vez que se tornam "invisíveis", toda sua noção de valor e de prioridades se esvai. Nessas condições, como manter suas obrigações "domésticas" e "familiares"? Como garantir a eficiência na "economia de bens simbólicos"[6] daquela família? Principalmente no que tange as mulheres, há uma enorme dificuldade em manter sua identidade íntegra sem o olhar do outro — seja ele seu marido ou um amante que encontrou para suprir o vazio deixado por aquele. No caso da mulher, como destaca Bourdieu,

> tudo, na gênese do *habitus* feminino e nas condições sociais de sua realização, concorre para fazer da experiência feminina do corpo o limite da experiência universal do corpo-para-o-outro, incessantemente exposto à objetivação operada pelo olhar e pelo discurso dos outros[7].

Mais ainda,

> a dominação masculina tem por efeito colocá-las em permanente estado de insegurança corporal, ou melhor, de dependência simbólica: elas existem primeiro pelo, e para, o olhar dos outros, ou seja, enquanto objetos receptivos, atraentes e disponíveis.

Ao penetrar, mesmo que às escondidas, no espaço de amor conjugal, o bem que aparentemente uma amante possa fazer para um homem em um momento de crise existencial — fazendo-o recuperar a fé em sua virilidade e apaziguando seu demônios — é incapaz de superar o mal que faz para a identidade da esposa e para a intimidade do casal. Inevitavelmente, a continuidade da relação conjugal é ameaçada.

Nem todos resistem a tanto sofrimento, preferindo o rompimento à humilhação de ser preterido. Ser traído dói

---

[6] Bourdieu, op. cit., p. 126.
[7] Ibidem, p. 79.

tanto porque implica colocar em dúvida o valor que se tem para o outro. A dor está ligada ao fato de o outro não ter evitado a traição. Afinal, não se trai *por causa* do cônjuge, mas *apesar* dele. É pelo cônjuge, pelo compromisso tácito que se firmou, que se resiste à tentação de trair. A ameaça de ser abandonado é algo tão impactante para nós humanos que chega a doer fisicamente. "A rejeição, ao que parece, realmente machuca como a dor física, porque ela aciona os mesmos circuitos no cérebro."[8] Como resultado, em comparação a indivíduos que não tiveram a experiência da traição, os homens correm quatro vezes mais risco de cometerem suicídio e as mulheres tendem a mergulhar em depressão. Esse é o lado negativo da "relação aberta", do "amor livre" ou do imperativo modernista da fruição dos desejos sexuais. Infelizmente, o mal só é visível para quem é traído, já que o traidor está cego pelo seu próprio êxtase.

Não se costuma dar a devida importância ao dano causado pela infidelidade. É comum, inclusive, justificar a traição alegando não haver mais amor no casamento ou, pior, colocando o caso extraconjugal como o verdadeiro amor. A verdade, porém, é que, em grande parte das situações, não é que deixemos de amar nosso cônjuge e, então, arrumamos um amante. Ao contrário, arrumamos um amante e, como consequência, acabamos por deixar de amar nosso cônjuge. É o caso que causa o rompimento; não o contrário. Traidor e traído costumam alegar que "o casamento já estava mal", pois isto os alivia um pouco da culpa e da humilhação. Porém, mesmo que de fato houvesse algum tipo de crise conjugal ou pessoal, muito provavelmente foram as mentiras para esconder o caso e a tentativa de se comunicar o mínimo possível para não ser pego que afastaram os côn-

---

[8] Brizendine, op. cit., 2006, p. 75.

juges. Os infiéis acreditam que conseguirão manter o caso em segredo. Mas, como destaca Pittman[9], o segredo é o que mantém a traição. O segredo é o que aproxima os amantes e afasta, cada vez mais, o cônjuge. O segredo, como já fora mencionado, é base para a intimidade. Sendo cúmplice de algo que não pode ser revelado, o amante se torna mais íntimo, esvaziando o espaço de intimidade que deveria ser exclusivo do cônjuge.

Nos Estados Unidos, "em casamentos de longa duração, mais de 90% dos divórcios envolvem, 'infidelidades'"[10]. No Brasil, Goldenberg[11] afirma que "de acordo com os dados do IBGE, 71% dos pedidos de separação feitos por mulheres foram motivados por traição masculina". Embora a maior parte dos rompimentos envolva infidelidade, esta não é a causa primordial, mas apenas um sintoma que agrava uma situação que já é problemática. Com ou sem infidelidade, os rompimentos ocorrem em momentos de crise conjugal ou pessoal, em casamentos que, em geral, poderiam dar certo. O surgimento de uma terceira pessoa concorrendo por atenção e afeto corrompe a intimidade do casal e desvia o foco da busca por possíveis soluções para o relacionamento conjugal.

As crises são pontos de ruptura nos vínculos conjugais modernos. Diferentemente dos casamentos indissolúveis do passado, que dispunham de "critérios morais externos, a relação pura é vulnerável como fonte de segurança em momentos decisivos e outras transições importantes da vida"[12]. Ademais, o isolamento emocional característico da vida urbana contemporânea priva o indivíduo do apoio psicológico anteriormente encontrado em parentes e amigos íntimos.

---

[9] Pittman, op. cit., p. 48.
[10] Ibidem, p. 227.
[11] Goldenberg, op. cit., 2010, p. 64.
[12] Giddens, op. cit., 2002, p. 173.

A família nuclear, por sua vez, não consegue dar conta de todas as necessidades requeridas por seus membros, sejam elas instrumentais ou emocionais[13]. Como resultado, em momentos de fragilidade, pode-se cair na tentação de estabelecer vínculos íntimos por meio do sexo, buscando-se em amantes alívio para os conflitos que não se é capaz de resolver em casa. Muitas vezes é a culpa pela traição, somada ao sentimento de fracasso em lidar com as transições na vida, que causa o rompimento — e não o fim do amor.

Os conflitos se manifestam em momentos de escolha, quando os cônjuges se dão conta de que possuem perspectivas diversas sobre questões que afetam os dois. Os conflitos mais evidentes são aqueles que surgem quando é preciso tomar decisões: Onde morar? Como dividir as tarefas domésticas? Para onde viajar nas férias? Que carro comprar? Ter ou não ter filhos? Como cuidar das crianças: creche, babá ou parar de trabalhar fora? Quem abrirá mão da carreira, no caso de um dos cônjuges ter uma oportunidade de trabalho em outro estado ou país? Contudo, há pequenos conflitos que não se resolvem quando uma decisão, negociada ou imposta, é tomada. São aqueles que passam despercebidos durante muito tempo até que seus efeitos cumulativos deflagram verdadeiras crises conjugais. São pequenos incômodos com que marido e mulher convivem em silêncio, para não terem que brigar "por bobagens": Ele é incapaz de lavar uma louça! Ela não percebe que eu trabalho o dia inteiro para ela ter o melhor! Ele não valoriza o meu trabalho! Ela não me respeita! Ele não me faz mais carinho! Ela não quer transar! Ele sai comigo de chinelos! Ela não pinta as unhas! Ele vai contar a mesma piada outra vez... Ela não acha graça em nada que eu falo... Ele não me escuta. Ela me sufoca.

---

[13] Pittman, op. cit., p. 97.

As doces expectativas da época do "sim" cedem lugar à frustração de anos de convivência em que as demandas da vida prática ofuscam o antigo brilho no olhar. Raramente, quando se casam, os indivíduos têm ideia dos desafios que terão que enfrentar para compatibilizarem duas identidades tão diversas. Alguns se sentem enganados — não foi com esta pessoa que me casei! Outros se resignam, assumindo que fizeram um escolha errada. Os mais corajosos, porém, lutam para fazer seu projeto de vida a dois dar certo. Mas é uma batalha após a outra, e em alguns momentos eles se cansam de lutar. Sorte daqueles que revezam com o parceiro os momentos de esforço e de descanso. Esses são os vitoriosos! Um casamento de longa duração não é uma relação sem conflitos, mas uma parceria que enfrenta os conflitos.

Conflitos e crises

Os conflitos conjugais de hoje diferem consideravelmente dos que casais de gerações anteriores à revolução dos gêneros enfrentavam. A vida das mulheres das últimas décadas é muito diferente da vida de suas avós, apesar de seus maridos viverem (quase) da mesma forma como seus avôs viviam. Está aí uma fonte de profundas tensões no casamento moderno[14]. Na década de 1950, tanto o homem quanto a mulher já tinham seus espaços previamente delimitados, o que reduzia significativamente as chances de conflito. Havia uma distinção clara entre os papéis conjugais: o marido era o provedor e responsável pelas grandes decisões da família, e a esposa era a cuidadora e "rainha do lar", a quem cabiam todas as decisões referentes à rotina doméstica. O único lugar que os sexos opostos com-

---
[14] Hochschild, op. cit., p. 13.

partilhavam era o quarto do casal. As crises conjugais de nossos avós, portanto, estavam circunscritas àquele recinto — o único lugar em que ficavam a sós (embora muito tempo em silêncio). A frigidez dela contra a brutalidade dele; a histeria dela contra o cansaço dele; a preocupação dela com os filhos contra a preocupação dele com as contas... e, principalmente, o ciúme dela contra as "escapadas" dele. Na década de 2010, por outro lado, marido e mulher são muito mais íntimos. Com poucos (ou nenhum) filhos, estão constantemente a sós, mas raramente calados. Discutir a relação é quase tão frequente quanto decidir sobre um investimento ou negociar quem vai tirar o lixo — assuntos definitivamente ausentes do repertório dos casais anteriores. Seus papéis não são determinados *a priori*, mas estabelecidos em consenso e continuamente revistos. Marido e mulher atualmente tendem a compartilhar o mesmo grau de instrução e o mesmo interesse pela realização profissional. Ambos se sentem com o mesmo direito de exercer seus potenciais como indivíduos independentes, e recusam-se a assumir sozinhos o fardo do cuidado com a família.

Nesses últimos 60 anos, as mulheres tiveram a oportunidade de aprender com a experiência daquelas que viveram os anos de emancipação — que conquistaram a liberdade de se exprimirem sexualmente e de gerenciarem sua fertilidade — e daquelas que provaram do doce e do fel do mundo do trabalho — cujas estruturas pressupõem dedicação em tempo integral e ignoram as demandas práticas e afetivas da vida privada. As esposas de hoje são filhas de mães profissionais que lhes transmitiram o valor da educação, sem a qual não pode haver igualdade. Os homens, porém, passam atualmente por desafios a respeito dos quais os exemplos de pais e avós têm pouco a ensinar. Os maridos de hoje carecem de modelos de masculinidade compatíveis com o perfil desta nova mulher com quem se casaram. Embora sejam eles próprios filhos de mães profissionais como suas esposas, não significa que tenham convivido com pais que soubessem lidar com a situação de não ser o único provedor. É possível até que não tenha convivido com pai algum, já que para muitas mulheres das décadas de 1970 e 1980 a independência financeira significava a possibilidade de se divorciar de quem atrapalhasse sua autorrealização.

A crescente desvalorização do trabalho doméstico levou cada vez mais a mulher a procurar atividades fora de casa. Conforme a área de atuação da mulher se amplia penetrando no espaço público, antes privilégio masculino, o homem vê seu próprio raio de influência diminuir. Ainda que ele tenha conquistado o afeto dos filhos, superando seus avôs que só detinham a autoridade, no balanço final, o marido tem a sensação de que saiu perdendo. Ao deixar de ser o único capaz de sustentar sua família, sua identificação com o papel masculino enfraquece a ponto de colocar em questão sua própria virilidade. Embora seus ancestrais masculinos resolvessem qualquer dúvida deste tipo com sexo extraconjugal, quando o marido contemporâneo busca uma amante, a culpa invade seu coração. Afinal, no casamento moderno não há lugar para a dupla moral, e a fidelidade é um valor central para ambos os cônjuges. A historiadora Mary del Priore comenta o sentimento de inadequação comum aos homens das novas gerações, notando que "ao final dos anos 90, eles tinham sido 'nocauteados': insatisfação, baixa autoestima, falta de amor-próprio era o resultado das mudanças ocorridas na última década"[15].

Pela primeira vez na história, homens e mulheres deixam de viver em "universos paralelos". Se a possibilidade de compartilhar interesses fora da esfera da família é enri-

---

[15] Del Priore, op. cit., 2011b, p. 233.

quecedora e estimulante na construção da intimidade do casal, ela também é ameaçadora. Nunca antes, ao que se saiba, homens e mulheres competiram entre si — principalmente no casamento, *locus* cooperativo por definição. Da mesma forma, os casais nunca estiveram tão abandonados à própria sorte, fechados em suas famílias nucleares. Sem o suporte intergeracional para ajudá-los nas fases de transição da vida, esses indivíduos enxergam crise em qualquer conflito.

É certo que em momentos de transição, quando se altera, ou se questiona, o *modus operandi* do casal, as atitudes de um e de outro podem parecer inadequadas. Nesses momentos, que coincidem com importantes eventos nas vidas dos indivíduos — como o nascimento de um filho, uma mudança de trabalho (novo emprego, promoção, mudança de chefia, desemprego, aposentadoria) ou a morte de alguém próximo — os conflitos se agravam. Modificam-se, então, as condições de existência em que o vínculo conjugal foi originalmente estabelecido, sendo necessário restabelecer as bases do acordo nupcial. Contudo, por mais instruídos e psicologizados que sejam, marido e mulher não têm consciência disso. Só o que percebem é o enorme mal-estar que os aflige. Eles estão em crise!

Giddens[16] destaca que

> muitas vezes se observa que nas sociedades modernas faltam ritos de passagem que marquem as transições básicas, inclusive o começo e o fim da vida. A maioria dessas discussões destaca que, sem o ritual ordenado e o envolvimento coletivo, os indivíduos ficam sem maneiras estruturadas de lidar com as tensões e ansiedades envolvidas. Ritos comunitários fornecem um foco de solidariedade de grupo nas

---

[16] Giddens, op. cit., 2002, p. 188.

principais transições, e também atribuem tarefas definidas para os envolvidos.

Em nome da recusa à repressão social, muitos casais pós-revolução sexual se formaram rejeitando o ritual do matrimônio. Homem e mulher, movidos por uma escolha exclusivamente amorosa, passavam a morar juntos. Sem testemunhas ou contrato, o único acordo era que fosse eterno enquanto durasse. Contudo, para se defenderem de pressões externas que pudessem obrigá-los a permanecer unidos contra a vontade, abriram mão dos benefícios simbólicos e práticos de uma cerimônia de casamento — dentre eles, o apoio em momentos de crise. "No censo de 1960, 60,5% da população dizia-se casada no civil e no religioso."[17] Em 2010, essa relação caiu para 44%, embora 62% das pessoas com mais de 20 anos de idade vivam em união conjugal[18].

As crises conjugais podem ter origem na crise pessoal de um dos cônjuges ou pode ser decorrente de aspectos mais pragmáticos do casamento. Quando se rompem rotinas, as pessoas se tornam mais suscetíveis a crises "existenciais". A interrupção do trabalho é um exemplo comum — tanto para homens que se aposentam, quanto para mulheres que se dedicam à maternidade — de quebra de rotina que suscita questionamentos mais profundos sobre a própria identidade do indivíduo. Em momentos de transição, principalmente os que envolvem nascimento e morte, "o indivíduo é, portanto, forçado a repensar aspectos fundamentais de sua existência e de seus projetos futuros"[19]. Outras vezes, o que motiva questionamentos pessoais e conjugais é a insatisfa-

---

[17] Del Priore, op. cit., 2011b, p. 166.
[18] IBGE. "Censo Demográfico 2010". SIDRA, op. cit., tabela 3.105.
[19] Giddens, op. cit., 2002, p. 187.

ção com a relação ou com a dinâmica que a união assumiu: logística doméstica, divisão de responsabilidades, expectativas frustradas, acordos não honrados, incompatibilidade sexual, incompatibilidade de estilos de vida, vícios, violência, indolência. A crise é um momento em que a própria permanência no casamento é questionada.

Homens e mulheres parecem lidar de formas diferentes com os momentos de transição e as eventuais crises com que se deparam em suas vidas. Eles tentam resolver seus problemas sozinhos e, quando não conseguem, esforçam-se para esquecê-los. Dificilmente compartilham-nos com alguém, preferindo não incomodar os outros com o que diz respeito apenas a si próprios. A ajuda que esperam receber de amigos é alguma forma de escape — um jogo de futebol, umas cervejas, diversão, qualquer coisa que os faça esquecer o que não conseguem resolver. Mais articuladas, elas procuram manter uma rede de pessoas que, por menos íntimas que sejam, garanta o diálogo tão necessário a elaboração de suas ideias e seus sentimentos. Colegas de trabalho, empregadas, pessoas na fila do banco ou na sala de espera do dentista, qualquer um que esteja disposto a trocar algumas palavras pode ser útil à reflexão de uma mulher. Menos preocupada do que o homem em resolver problemas e superar as crises, a mulher quer mesmo é entender o que está passando. No seu esforço em construir uma explicação, não é raro que ela procure ajuda de psicoterapeutas — último recurso de um homem.

Cicatrizes

Em uma sociedade que teve que se habituar com o fim da onipresença do casamento indissolúvel, o divórcio e seus efeitos transformaram-se em importante tema de pesquisa. Os resultados vão desde uma obviamente unânime resposta negativa para a pergunta "Você gostou de seus pais terem ser separado?" — feita entre 1967 e 1974, por um psiquiatra da PUC-SP a 1.000 filhos de casais separados[20] — até elaboradas teorias que acabam por servir de consolo tanto aos que enxergam no divórcio a única solução, quanto àqueles que se esforçam para evitá-lo. Apesar dos vieses perceptíveis em vários estudos, o que se conclui é que, por mais que um rompimento seja inevitável, ele sempre deixa cicatrizes.

O fim da estigmatização do divórcio ocorrida desde as últimas décadas do século XX veio acompanhado do direito da mulher tomar a iniciativa de romper com casamentos opressores. Certamente, isso representou o fim de muito sofrimento, além de trazer como consequência um maior equilíbrio de poder entre marido e mulher — fundamental para relações igualitárias baseadas no amor. Os números mostram que as mulheres exercem esse direito tanto quanto os homens. Dados do Registro Civil[21] mostram que 66% dos divórcios são consensuais e, nos casos que não o são, 16% são requeridos pelos maridos e 17,5%, pelas esposas. Mudanças na legislação sobre divórcios — tais como as que ocorreram em 1988, com a redução de prazos para início dos processos; em 2007, possibilitando o divórcio por via administrativa, e em 2010, com a supressão do requisito de separação prévia — reduziram os empecilhos para aqueles que querem recomeçar. É natural que, como consequência, o número de divórcios aumente nestes momentos, já que há um acúmulo de casamentos desfeitos aguardando apenas a oficialização do fato. Por esta razão, em 2010 houve 1,8

---

[20] Del Priore, op. cit., 2011b, p. 229.
[21] IBGE. "Estatísticas do Registro Civil 2010", v. 37, op. cit., tabela 2.993. Disponível em: <http://www.ibge.gov.br/home/estatistica/populacao/registrocivil/2010/rc2010.pdf>

divórcio para cada 1.000 habitantes com mais de 20 anos de idade — a maior taxa desde 1984[22]. Mas, em compensação, somados divórcios e separações, a taxa se mantém estável desde 1989, oscilando entre 1,8 e 2,3 divórcios e separações por 1.000 habitantes. Vale mencionar que o menor valor da série histórica foi 1,4 (em 1984), o que leva à reflexão de que, ao contrário do que defendem os "conservadores", uma legislação menos rigorosa não estimula o divórcio. Ela apenas alivia um sofrimento.

Assim como os filhos a quem foi perguntado se tinham gostado da separação dos pais, todos os casais querem que seus casamentos deem certo. O divórcio não é um objetivo, nem mesmo um desejo. É, em geral, um mal necessário. A começar pelas questões práticas, no momento que a sociedade conjugal se desfaz, há perda instantânea de riqueza. Seja pelas despesas judiciais, seja pela perda de economias de escala, estimativas apontam para um empobrecimento tanto do homem quanto da mulher da ordem de 25% a 35% ou até mais[23]. Ademais, ocorre uma reestruturação da logística doméstica que pode se tornar bastante complexa quando há patrimônio a ser dividido e filhos cuja guarda compartilhar. É compreensível que 46,4% das famílias compostas por mulher e filhos estejam abaixo da linha da pobreza[24]. Infelizmente, lar chefiado por mulheres não é sinal de independência feminina (ou emancipação, como querem as feministas). É sinal de abandono. Pai importa. Marido também.

A experiência de quase três décadas de divórcios parece estar fazendo casais brasileiros pensarem duas vezes antes de decidirem pelo rompimento definitivo. Em 2010, 62,6%

---

[22] IBGE. "Estatísticas do Registro Civil 2010", v. 37, 2010, p. 42, op. cit.
[23] Del Priore, op. cit., 2011b, p. 232.
[24] IBGE. "Síntese de indicadores sociais: Uma análise das condições de vida da população brasileira", op. cit.

dos divórcios ocorreram entre casais que não tinham filhos ou cujos filhos eram maiores de idade. Isso reflete uma inversão radical em apenas 10 anos, já que, em 2000, 60,6% dos casais que optavam pelo divórcio tinham filhos menores.[25]

Os casais que hoje preferem dar uma segunda chance ao casamento em nome das crianças, certamente, não estão pensando apenas na pensão alimentícia, no custo de transporte ou no preço do aluguel de um apartamento maior que acomode as crianças quando elas vierem passar o fim de semana. Embora já estejam livres da ameaça de serem apontados na rua ou rejeitados pelos colegas, nem sempre os filhos de casais divorciados estão imunes a problemas de relacionamento ou de aproveitamento escolar. Afinal, a crise também é deles. Neste sentido, Giddens cita um estudo sociológico a respeito do divórcio que dá a entender que a separação pode, até mesmo, ser pior do que a morte. "Os filhos do divórcio", dizem Wallerstein e Blakeslee, "enfrentam uma tarefa mais difícil que as crianças cujos pais morreram. A morte não pode ser desfeita, mas o divórcio acontece entre pessoas vivas que podem mudar de ideia. Uma fantasia de reconciliação penetra fundo na psique dessas crianças... elas podem não superar essa fantasia de reconciliação até elas mesmas se separarem dos pais e saírem de casa"[26]. Psiquiatras se unem aos sociólogos para apontar riscos que o divórcio pode trazer para o desenvolvimento das crianças, principalmente quando elas testemunham a infidelidade dos pais e o efeito que isto provoca sobre quem é traído. Esses profissionais reconhecem que "crianças sobrevivem ao divórcio, mas pagam um alto preço pela infidelidade dos

---

[25] IBGE. "Estatísticas do Registro Civil 2010", op. cit., p. 45.
[26] Judith Wallerstein e Sandra Blakeslee. *Second Chances*. London: Bantam, 1989, apud Giddens, op. cit., 2002, p. 18.

pais. Talvez o efeito mais comum da infidelidade parental seja a subsequente infidelidade dos filhos."[27]

Talvez porque muitos dos efeitos sobre a criança se manifestem somente quando ela se torna adulta, é comum que seus interesses sejam sacrificados em nome da felicidade dos pais[28]. Porém, que garantia se pode ter de que o fim do casamento trará felicidade a quem quer que seja? Segundo algumas pesquisas, o rompimento pode provocar traumas piores que os de guerra. "Gullo observou paralelos entre as experiências dos soldados e as reações das pessoas quando relacionamentos amorosos sérios terminavam. Podia parecer que a comparação banalizava a angústia produzida pela neurose de guerra, mas na verdade a intensidade das reações diante do rompimento de um relacionamento estabelecido é, às vezes, tão grande e a recuperação tão prolongada quanto naquele tipo de neurose."[29]

Mesmo que não envolva traição, o fim de um casamento não acontece sem algum grau de sofrimento. O rompimento frequentemente provoca sentimentos de fracasso ou de rejeição, ambos fortes ameaças à autoestima e à segurança, sem as quais não se consegue dar continuidade aos projetos de vida. A dor pode ser tão dilacerante que interrompe o fluxo de vida, dificultando a manutenção de rotinas e jogando o indivíduo em depressão. É como se tudo ao redor escapasse de seu domínio e a ideia de morte — o limite em que não se tem qualquer controle — invade seus pensamentos. O divórcio é, talvez, uma transição ainda mais importante do que o casamento — ou, pelo menos, mais dramático, pois

---

[27] Pittman, op. cit., p. 267.
[28] Lukas, op. cit.
[29] Stephen Gullo e Connie Church. *Loveshock: How to Recover from a Broken Heart and Love Again*. London: Simon & Schuster, 1989, apud Giddens, op. cit., 1993, p. 116.

envolve o abandono de uma história e a perda das esperanças depositadas em um projeto a dois. Também pode significar recomeço, mas para isso é preciso respeitar o luto da separação.

> Um casamento que se desfaz tende a provocar luto, independente da infelicidade ou desespero dos parceiros quando juntos. [...] O luto deriva da perda dos prazeres e experiências compartilhados, somado ao necessário abandono das esperanças investidas na relação.[30]

É a confiança no compromisso firmado entre os cônjuges que oferece o apoio emocional para que resistam a perturbações na relação e evitem a crise em suas vidas (e de seus filhos) provocada por um divórcio. É preciso lembrar que o compromisso não é fruto de uma emoção, de um sentimento, mas sim de uma decisão: da decisão moral de honrar a responsabilidade que assumiu pelo outro quando o conquistou. Como disse a raposa ao pequeno príncipe, "tu te tornas eternamente responsável por aquilo que cativas"[31].

---
[30] Giddens, op. cit., 2002, p. 17.
[31] Antoine de Saint-Exupéry. *Le Petit Prince*. Paris: Folio, 2008, p. 78.

9. Reconciliação

Casar é bom. Permanecer casado é ainda melhor. Até os garanhões concordam, haja vista que muitos mantêm relacionamentos estáveis e contínuos[1]. Confiança de que há alguém com quem se pode contar. Que você não é mais um na multidão amorfa. Que você se diferencia aos olhos de alguém. Que se é especial para este alguém que decide se responsabilizar por você. Isso lhe dá segurança para seguir adiante, para realizar, para se autorrealizar. A cada dia mais estudos são publicados confirmando os benefícios do casamento para a saúde e longevidade[2]. Sem contar os inúmeros casos que conhecemos de casais que "morrem juntos", isto é, aquela viúva ou viúvo que se entrega, como que desejando parar de viver, e em poucos meses acaba por ir ao encontro de seu par.

Mas, se casar é tão bom, por que tantas pessoas decidem ficar sós ou acabam sós, mesmo sem querer? Por que tantos se recusam a se dar ao trabalho de fazer uma relação duradoura funcionar?

---
[1] Giddens, op. cit., 1993, p. 93.
[2] Maushart, op. cit., p. 17.

Tudo de bom que um casamento traz também cobra seu preço. O apoio tão importante não vem de graça. É preciso esforço. É preciso empenho. É preciso cuidar da relação. É preciso aceitar restringir suas decisões, já que se deve levar em conta também os interesses do outro. É preciso aceitar voluntariamente os limites a sua liberdade, uma vez que compromissos impedem que aproveitemos todas as oportunidades. Precisamos abrir mão de muita coisa que nos daria prazer pelo bem-estar do outro. É preciso acreditar que, apesar de tudo, vale a pena. É preciso ter fé que caminhando acompanhado se avança mais lentamente, mas que se chega mais longe.

Contudo, ainda que um indivíduo acredite que sua segurança ontológica é alcançada na relação íntima com o outro, resguardar uma intimidade exclusiva requer compromisso e, portanto, um comportamento moral que o faça honrá-lo. Lepargneur lembra que

> ... a moral apareceu no mundo grego como organização racional dos prazeres, estratégia para maximizar a vivência terrestre alegre e sadia, calcular e hierarquizar as atividades compensadoras [...], dosar suas medidas certas para cada pessoa, cada situação, cada caso. Isto é vida concreta[3].

Então, o que faria alguém abrir mão da satisfação imediata em troca da fé em uma relação duradoura e significativa?

A modernidade avançada e reflexiva nos oferece um repertório de experiências e uma linguagem mais rica para gerir nossa vida emocional. Desde os primeiros romances publicados no século XIX até os trabalhos, os artigos cientí-

---
[3] Lepargneur, op. cit., p. 89.

ficos e os livros de autoajuda atuais, a leitura contribui — assim como a terapia — para nos tornarmos mais conscientes de nossas relações e tomarmos as rédeas de nossas vidas. O desafio que se coloca para o futuro é a reconciliação da modernidade com a ideia de casamento. Depois de tantas décadas de feminismo, é hora de deixar a disputa de lado e reconhecer a delícia de um jogo ganha-ganha. Nas palavras de Beck[4], é preciso "tentar renovar a relação entre os sexos e redescobrir a solidariedade baseada em opressão compartilhada e admitida".

Além do que, ao contrário do amor conjugal, o amor romântico — venerado a ponto de justificar traições e rompimentos — não preenche o vazio existencial, pois ele nunca se realiza. Ele é apenas uma promessa e, portanto, uma frustração. Por fim, sua impossibilidade aumenta mais a angústia e o vazio do amante. A relação movida pelo amor romântico não é uma relação íntima. Os amantes não se conhecem mutuamente. Conhecem apenas o reflexo de seu desejo no outro. Por isso, ainda que recíproco, esse tipo de amor não completa, não faz feliz. Mas é preciso maturidade — sobriedade, até — para perseguir objetivos de longo prazo. Conforme comenta Quirk, "os sóbrios mantêm vínculos que eles forjaram quando apaixonados e, por isso, podem guiar os pequenos demônios da paixão"[5]. São inúmeras as histórias em que amantes romanticamente apaixonados se transformam em cônjuges afetuosos, graças à transformação do amor romântico em amor conjugal maduro. Contudo, são as histórias que não evoluem nesta direção que enriquecem o repertório literário e inspiram lucrativos enredos cinematográficos. Afinal, notícia se faz de exceções, e não da regra.

---

[4] Beck, op. cit., p. 125.
[5] Quirk, op. cit., p. 247.

Reconciliação entre instinto e razão

Diz-se que, "aparentemente, não é difícil ser casado com alguém que tenha tido um caso. Mas é enlouquecedor tentar amar alguém que, na melhor das previsões, terá casos no futuro"[6]. Reconciliar-se com quem nos traiu implica — mais do que perdoar — restabelecer os laços íntimos que, por alguma razão, foram quebrados. Implica confiar que as novas bases são tão sólidas a ponto de impedir que tais laços sejam novamente rompidos. E isto vale para ambos os parceiros, uma vez que cabe aos dois "tomar uma decisão de renovar o compromisso mútuo e fazer as mudanças e escolhas necessárias para voltar a aproximar-se"[7].

Como fazer para tornar alguém único para você outra vez? Intimidade parece ser a resposta. Na falta de laços de sangue e obrigações sociais, a intimidade torna-se condição primordial de continuidade da relação conjugal. Por esta razão, amor conjugal não pode ser platônico. Não é possível sustentar um casamento verdadeiro a distância. Para uma pessoa manter-se única, especial, para outra é preciso que o corpo a sinta como tal. A alma só não basta.

Os hormônios, em especial a oxitocina, cuja produção é estimulada pelo contato físico, desempenham papel fundamental na formação de vínculos e no sentimento de contentamento com o parceiro. "E para manter seus efeitos por longo prazo, o sistema cerebral referente ao apego precisa da ativação repetitiva, quase diária, por meio da oxitocina estimulada pela proximidade e pelo toque."[8] Mais ainda, se as mulheres querem manter seus maridos ligados a elas

---

[6] Pittman, op. cit., p. 132.
[7] Giddens, op. cit., 2002, p. 92.
[8] Brizendine, op. cit., 2006, p. 72.

exclusivamente, vale notar que, de acordo com um estudo sueco[9], homens precisam ser tocados duas a três vezes mais do que as mulheres para manter o mesmo nível de oxitocina. A presença física e o toque frequente são fundamentais para evitar que casais se afastem, física e emocionalmente. Eles precisam de doses diárias de oxitocina em seus cérebros para renovarem a sensação de prazer, conforto e tranquilidade que um promove para o outro.

Tal fenômeno não é exclusivo da relação homem e mulher, nem mesmo da relação entre humanos. Experiências com macacos, nas décadas de 1950 e 1960, mostraram que o apego não está baseado na satisfação de um impulso — fome, sede, sexo — como se pensava até então. Descobriu-se que o tato era essencial para estimulá-lo. Pesquisando o comportamento de macacos que eram imediatamente separados das mães ao nascer e, em seguida, eram "adotados" por mães-máquinas (algumas que forneciam leite, outras não), cientistas estabeleceram que "o amor cresce com o tato, não com o paladar, sendo este o motivo pelo qual quando o leite seca, [...] a criança continua a amá-la"[10]. Tanto quanto fazemos sexo para ganhar amor, parece que mamamos para ganhar o contato íntimo da mãe.

O conforto psicológico que o contato físico é capaz de gerar — e que hoje sabemos estar relacionado ao efeito calmante da oxitocina assim produzida — é um componente essencial do amor. O vínculo estabelecido através de experiências táteis reconfortantes e prazerosas passa a sensação de segurança e pode gerar tanta confiança que, mesmo maltratados e torturados pelos amados, alguns indivíduos permanecem apegados. Os experimentos com macacos ser-

---

[9] Idem.
[10] Lauren Slater. *Mente e cérebro*. Rio de Janeiro: Ediouro, 2004, p. 166.

viram de modelo para entender um pouco do que acontece com casais humanos em que, apesar da atitude violenta de um dos cônjuges, o outro é incapaz de ir embora, ou mesmo de deixar de amar.

Dando prosseguimento a suas pesquisas a respeito da psicologia do afeto, Harry Harlow projetou uma "mãe adotiva malvada" para os macaquinhos de seu laboratório. Ao contrário da "mãe de arame", que era fria e áspera, mas dava leite, e da "mãe macia" feita de pano, que não alimentava, mas dava calor e aconchego, a "mãe malvada" torturava os bebês, esguichando jatos de água fria ou arranhando e cortando com suas pontas afiadas. Ele observou que, não importava qual fosse o sofrimento, os bebês permaneciam com uma inabalável fé naquela por quem se afeiçoaram, voltando sempre para junto da máquina que reconheciam como "mãe". "Não existe nenhum reforço parcial que explique esse comportamento; existe apenas o lado negro do tato, a realidade das relações primatas, que é que eles podem nos matar enquanto nos abraçam."[11]

Desde muito antes da tão falada separação entre sexo e reprodução, "a maior parte dos intercursos sexuais serve não para engravidar, mas sim para criar vínculos"[12]. Parece que nossos ancestrais já sabiam da força do sexo para promover a durabilidade da relação. Afinal, decidiram unir um homem e uma mulher por meio do casamento, e não de contratos sociais quaisquer.

Entretanto, por mais que as explicações biológicas para o comportamento conjugal humano permaneçam válidas há milênios, nos últimos 50 anos as coisas ficaram bem mais complexas. O sexo se separou da reprodução e os papéis so-

---

[11] Ibidem, p. 170.
[12] Quirk, op. cit., p. 74.

ciais masculino e feminino se embaralharam. A partir de então, enquanto as pressões naturais continuam influenciando o comportamento deste primata que existe em cada um de nós, as transformações culturais passam a moldar com mais intensidade nosso cérebro existencialista. Como lembra Diamond,

> evoluímos, como outros animais, para vencer na competição para deixar a maior quantidade possível de descendentes. Muito do legado dessa estratégia de jogo persiste em nós. Mas também escolhemos perseguir objetivos éticos, que podem entrar em conflito com os objetivos e métodos da nossa competição reprodutiva. Ter a chance de escolher os objetivos é o que nos distingue mais radicalmente dos demais animais[13].

Contudo, mesmo quando não se consegue controlar a infidelidade, ainda assim, casamentos podem, com esforço, sobreviver à traição se o caso for exposto[14]. Será que hoje, libertos das pressões que imperavam durante milênios sobre as relações conjugais, não poderíamos dar uma nova olhada nos "conselhos das revistas femininas dos anos 1950"[15]? Saindo da posição defensiva, crítica e feminista (pois nos modernos centros urbanos do mundo isso não é mais necessário), será que tais "conselhos" não seriam um pouco úteis para fortalecer os novos vínculos conjugais do século XXI? Será que nossos avós estavam totalmente errados? Será que eles eram absolutamente circunscritos ao contexto social daquela época? Ou será que, olhando com mais abertura, não seríamos capazes de ver sinais de que esses "conselheiros"

---

[13] Diamond, op. cit., p. 111.
[14] Pittman, op. cit., p. 51.
[15] Del Priore, op. cit., 2011a, p. 291-295.

percebiam um pouquinho das diferenças entre os sexos que a ciência contemporânea começa a revelar? Talvez não fosse apenas esforço de dominação masculina. Talvez fosse, simplesmente, arte de bem viver.

Olhando o passado para recomeçar

Embora o casamento sem amor — e o poderio masculino, seu duplo — tenham perdurado tanto tempo em nossa história, sabe-se que o amor conjugal é afeto antigo. Não é invenção romântica, nem privilégio de contemporâneos. Nas Minas Gerais dos séculos XVII e XVIII já se podiam ver exemplos de "relações puras"[16] nas histórias de casais em concubinato ou unidos pelo matrimônio. Por falta de patrimônio ou posição, os pobres podiam casar por livre escolha. Nas Minas Gerais do Brasil colônia, os tantos exemplos de casais formados por senhores brancos com negras ou pardas apontam para um tipo de casamento que não pode ser considerado "de conveniência". Ao mesmo tempo, a duração dessas relações e os compromissos firmados — manifestos em concessões de alforria, presentes caros como cavalos e escravos, companhia em eventos sociais etc. — não se encaixam também na hipótese de "atração sexual" ou "amor-paixão". Esses casos demonstram a existência de um vínculo conjugal parecido com o moderno, o qual se estabelece entre duas pessoas relativamente simétricas. Mesmo a violência relatada mostra que homem e mulher eram igualmente brutos. Ela também batia. Ela também revidava. Já naquela época, o amor conjugal não pressupunha a submissão feminina. Vale notar que as mulheres nas Minas Gerais eram

---

[16] No sentido empregado por Giddens, op. cit., 1993, p. 10, isto é, "um relacionamento de igualdade sexual e emocional".

muito independentes e desempenhavam importante papel na economia daquela sociedade. Mais ainda, por não serem brancas, pareciam não se considerar devedoras de obediência aos preceitos moralizantes da Igreja da Metrópole.

À modernidade precoce mineira se opõe o anacronismo do sertão nordestino. Conta a historiadora que já entrava o século XX e ainda "havia um alto nível de violência nas relações conjugais no sertão. Não só violência física, na forma de surras e açoites, mas a violência do abandono, do desprezo, do malquerer"[17]. Em condições brutais de sobrevivência, em que a dominação masculina era inquestionável, moças jovens que não se casavam viravam "teúdas e manteúdas". A velha história do homem maduro, casado com mulher "direita" que ficou feia, o qual sustenta a bonitinha. Esta permanece mais tempo assim, pois não precisa enfeiar-se, já que não precisa mostrar que é "honesta".

No Brasil do passado, o vínculo conjugal, fosse como fosse, era almejado por todos os tipos de pessoas — das mais poderosas às mais servis. O relato de um escravo em vias de se casar demonstra que a razão para o casamento pode ser existencial, mesmo entre os que não possuem nem mesmo sua liberdade. Nem por isso, contudo, deixa de implicar questões de *status*. Contava o escravo a um naturalista francês que

> [...] quando se fica sempre só, o coração não fica satisfeito. Meu senhor me ofereceu primeiro uma crioula; mas não a quero mais. As crioulas desprezam os negros da costa. Vou me casar com outra mulher que a minha senhora acaba de comprar; essa é da minha terra e fala a minha língua.[18]

---

[17] Del Priore, op. cit., 2011a, p. 145.
[18] Ibidem, p. 63.

O noivo parece buscar uma companheira capaz de admirá-lo e com quem compartilhe os mesmos valores. Ele busca intimidade não só sexual como existencial. Para "satisfazer seu coração", ele procura alguém que o compreenda, alguém com quem fale a "mesma língua".

Mais afastados de interesses patrimoniais e de pressões sociais, e gozando de uma liberdade que não estava disponível para os escravos, existia no Brasil Império uma classe de pessoas cuja união se aproximava um pouco mais da "relação pura" moderna. Conforme comenta a historiadora,

> carinho e amor são aspectos relevantes nos casamentos de pobres e libertos. Talvez, por isso, essas uniões não se desfizessem com facilidade. Os padrões de moralidade eram mais flexíveis e havia pouco a se dividir ou oferecer em uma vida simples.[19]

Dentre uma população cujo modelo de união predominante era o concubinato, tal observação parece sugerir que a durabilidade do vínculo conjugal estava associada a uma relação de companheirismo construída sobre sentimentos de afeição e amor recíproco.

O concubinato dos pobres, entretanto, não resistiu à chegada da República e da industrialização.

> Nas habitações coletivas que se erguiam nas cidades em crescimento, nas pensões, nos porões ou casebres de favelas, casais se faziam e se desfaziam ao sabor das necessidades de uma população itinerante. Elas são o espaço de outra moral, de outra família e, por conseguinte, de outros afetos e amores.[20]

---

[19] Ibidem, p. 159.
[20] Ibidem, p. 267.

Os homens pobres, ao contrário dos das classes média e alta, não podiam se proclamar os únicos provedores do lar. Assim, as mulheres tornavam-se autônomas e desestabilizavam uma relação cuja harmonia baseava-se na imagem patriarcal do chefe da família. Letras de sambas da época indicam que, mais do que orgulho ferido, o homem pobre sentia-se, a um só tempo, explorado e inseguro[21]. Receava não ser capaz de dar tudo que a mulher esperava e acabar por ela abandonado. Começa a ficar nítida a diferença entre as classes assalariadas e burguesas. Enquanto os homens ricos orgulham-se de serem provedores absolutos e darem a suas mulheres vida de rainha, os homens pobres sentem-se explorados: por que matar-se de trabalhar para sustentar luxo de mulher? Isso denota, na classe urbana mais pobre, a existência de uma certa simetria na relação homem-mulher — no sentido que ambos teriam responsabilidade pelo sustento do casal —, negando a visão romântica e cavalheiresca da mulher frágil.

Algumas décadas se passaram e a angústia que afligia somente os pobres alcançou também os maridos da classe média. A indústria crescia e, com ela, as tentações do consumo chegavam dentro de casa. Este homem enfrentava um dilema. Não era mais capaz de "bancar" uma mulher, nem sua noção de moral permitia que ele a deixasse trabalhar. O medo de ser abandonado disputava em seu íntimo com o fantasma da infidelidade feminina que por milênios assombra o imaginário masculino. Agora, porém, o homem — moderno, urbano e assalariado — está enfraquecido. Ele não tem mais o poder necessário para subjugar a mulher como (quase) sempre fez. Falta-lhe patrimônio e o prestígio. Só lhe resta a força física. Mas até a força física — a violência contra a mulher — enfraquece seus resulta-

---

[21] Por exemplo, "Ai que saudades da Amélia", de Mário Lago.

dos quando não se tem o poder legitimado pela capacidade de prover. Agora ele é obrigado a admitir que sua mulher trabalhe. Em contrapartida, ele exige que ela mantenha o cumprimento de sua responsabilidade fundamental: o cuidado dele e da família.

Ainda serão necessárias três ou quatro décadas até que o homem da classe média comece a reconstruir sua identidade masculina. Nesse processo ele está aprendendo a conviver com uma mulher diferente da que estava habituado — mais educada, mais cosmopolita e segura, e que pode amá-lo como homem —, alguém com quem ele pode ter intimidade.

O amor conjugal parece beneficiar-se com o refinamento das maneiras, com o afastamento da animalidade. Nesta dinâmica, a civilidade — a qual tem como principal motor a educação — resgata o valor da mulher, possibilitando uma relação de amor mais simétrica e também fisicamente mais próxima. No mesmo sentido, ao comentar a diferença na arte do cuidado e do agrado entre mulheres citadinas e mulheres do deserto, Kant sugere que a atratividade sexual não é tanto um dom da natureza, mas um caráter de civilidade. Ele ressalta a "arte de agradar, graças à qual as mulheres citadinas ofuscaram as sórdidas moças do deserto"[22]. Assim, sugere-se que a intimidade e, portanto, o vínculo conjugal, se fortaleça com os estímulos intelectuais e sensoriais que invadem os cérebros dos cônjuges. Conversa e chamego promovendo a longevidade do casamento!

Permanece em nós, sujeitos "hipermodernos", a necessidade do vínculo duradouro para preencher o vazio existencial deixado pelas tradições abandonadas. Amizades não o preenchem como precisamos, pois não nos fazem acreditar

---

[22] Kant, op. cit., p. 34.

que somos únicos. É necessário um vínculo fundente como o sexo presente no amor conjugal. Precisamos do tipo de vínculo que nos exige e que nos oferece, reciprocamente, a garantia de exclusividade, pois só assim nos sentimos especiais. Sem a exclusividade aos olhos de quem amamos não nos diferenciamos da massa amorfa de homens e mulheres, não nos tornamos únicos. É no olhar distintivo do amado que nos sentimos seguros, pois dele emana um amor incondicional que nos dá a coragem para trilharmos uma existência significativa. O amor conjugal é mais do que instinto e sentimento, é também razão e moral.

PARTE III

FUTURO

10. ...E viverão felizes para sempre

> *"A partir desse dia, terminou o meu romance com meu marido; o sentimento antigo tornou-se uma recordação querida, algo impossível de trazer de volta, e o novo sentimento de amor aos filhos e ao pai dos meus filhos deu início a uma nova vida, de uma felicidade completamente diversa, e que ainda não acabei de viver..."*[1]
>
> *Felicidade conjugal*, Tolstói

Se o casamento é tão bom para a sociedade e faz tão bem para o indivíduo, por que gerações pós-1960 rejeitaram esta ideia? Por que alguns acabam por fazer o que vai contra seu próprio interesse e bem-estar?

Deci[2] argumenta que o ser humano tem três necessidades psicológicas básicas: *sentir-se autônomo, sentir-se competente e relacionar-se*. A partir da metade do século XX, o casamento foi acusado de não ser capaz de suprir tais necessidades. Em alguns casos, inclusive, seria a própria instituição quase um impedimento para sua satisfação. Como nos sentir autônomos, se temos que levar as necessidades do cônjuge e dos filhos (para não falar dos sogros, dos cunhados...) em consideração? Como nos sentir competentes, se, a cada momento, na rotina da vida moderna, acumulam-se sinais de nossos fracassos? Como nos relacionarmos, se as demandas familiares reduzem nosso círculo de amizades?

Dessa insatisfação nasce uma certa revolta contra o casamento tradicional, considerado opressor e limitante.

---

[1] Lev Tolstói. *Felicidade conjugal*. São Paulo: Editora 34, 2010, p. 114.
[2] Edward Deci. *Por que fazemos o que fazemos?* São Paulo: Negócio, 1998.

Como alternativa, as novas gerações têm experimentado variados arranjos conjugais: *casamento aberto, amizade colorida, casamentos monogâmicos consecutivos, casamento em residências separadas*. Infelizmente, nenhuma dessas alternativas parece ter sido mais bem-sucedida no desafio de satisfazer as necessidades de sentir-se autônomo, sentir-se competente e relacionar-se.

Em um ambiente socializador que supervaloriza a liberdade individual e a independência, qualquer arranjo conjugal tende a esbarrar na recusa em assumir compromissos duradouros — em outras palavras, responsabilizar-se. E, por mais paradoxal que possa parecer, autonomia, competência e relacionamentos verdadeiros só se constroem com responsabilidade. "Liberdade com responsabilidade!" Para os jovens dos anos 1960 e 1970, esta frase soava como uma fala "quadrada" de educadores conservadores. Como consequência, a ênfase foi colocada na "liberdade".

As gerações que vieram a partir do final da década de 1980, entretanto, acostumaram-se a ouvir a palavra "responsabilidade" ecoando através das fronteiras mais progressistas. Era quase como um sinal de alerta, denunciando as ameaças relacionadas a anos de excesso de liberdade. Fala-se hoje em "responsabilidade social", "responsabilidade ambiental", "responsabilidade fiscal", "responsabilidade técnica", "responsabilidade parental". Enfim, a reconciliação com a ideia de casamento surge em um momento em que o pêndulo começa a se deslocar da *liberdade* para a *responsabilidade*.

Porém, depois de quase 50 anos de campanhas tão intensas contra o casamento — nas quais feministas e capitalistas tanto contribuíram —, não é fácil recuperar a paz conjugal, muito menos a felicidade dos casais. Para tentar neutralizar os efeitos das disputas sobre divisão de tarefas domésticas (uma das principais causas de descontentamento que tendem a culminar em divórcio[3]), precisamos reconhecer nossos sentimentos e desistir de brigar por igualdade. Para que marido e esposa se sintam autônomos, competentes e unidos por um relacionamento gratificante, é preciso que homem e mulher aceitem que um casal é formado na diferença. A partir do momento em que são reconhecidas as idiossincrasias dos sexos, torna-se possível compartilhar as responsabilidades domésticas (o que é muito mais significativo do que dividir tarefas), principalmente o cuidado e a educação dos filhos.

Uma vez que se valorizem as diferenças entre homem e mulher — e entre indivíduos —, os papéis tornam-se nítidos. Não é mais necessário discutir sobre quem irá levar a criança para brincar e quem vai dar banho e pôr para dormir quando ela voltar suja e cansada. Não se precisa mais negociar quem lava louça e quem faz o jantar. Não é nem mesmo preciso se culpar ou se ofender quando as circunstâncias obrigam estabelecer uma rígida separação entre os papéis de provedor e cuidador. Isto porque aquele que assumir a responsabilidade de prover será capaz de reconhecer — até mesmo de forma explícita — o valor daquele a quem coube o compromisso de cuidar. Nesta perspectiva, há espaço dentro da relação conjugal para emergirem competências individuais que estimulam o sentimento de autonomia e autoestima. Cada um passa a se responsabilizar por aquilo em que parece ser mais competente, contrariando o argumento da divisão de papel sexualmente imposta.

Reconciliar-se com a ideia de que homens e mulheres são diferentes — ainda que o feminismo tenha lutado tanto

---

[3] Segundo Laura Schlessinger. *The Proper Care and Feeding of Marriage.* New York: Harper, 2008; e Caitlin Flanagan. *To Hell with All That.* New York: Back Bay Books, 2007.

para nos convencer do contrário — não basta para vivermos felizes para sempre como no cinema ou nos contos de fadas. Nem basta revalorizar o casamento tradicional, como aconteceu entre os jovens da década de 2000, quando chegou a haver um crescimento de 47% no número de casamentos entre 1998 e 2011[4]. É preciso que cada casal cuide de sua relação, reconhecendo que o romance dura pouco, mas que o melhor da vida a dois não requer corações palpitantes. Basta que haja duas pessoas que se importem e que se comprometam uma com a outra.

Para cuidar de seu amor

Tal qual nos ensina Erich Fromm[5], ainda que tenhamos outras estratégias para aplacar a angústia e a ansiedade, o amor — a fusão com outra pessoa — é a única solução eficaz para escapar do isolamento e do consequente vazio existencial. Sendo algo tão valioso, o amor exige esforço. O amor exige cuidado.

Não confunda romance com amor. Um casamento pode não ter romance, mas o amor sempre estará presente. Caso contrário, ele será apenas um acordo, um contrato societário. A verdadeira união conjugal é construída sobre atitudes que são os elementos básicos do amor: o *cuidado*, a *responsabilidade*, o *respeito* e o *conhecimento* do outro[6].

O amor conjugal se mantém vivo por meio da intimidade. E o sexo é um excelente mecanismo de preservação de um relacionamento íntimo, principalmente se acompanhado de muitas carícias, de muito chamego. Lembre-se que a

---

[4] IBGE. "Censo Demográfico 2010". SIDRA, op. cit., tabelas 2.759 e 350.
[5] Fromm, op. cit.
[6] Ibidem, p. 24.

oxitocina e vasopressina secretadas nestes momentos formam a base química do vínculo duradouro.

Confie em seus instintos. Se você não se inclui entre os casos de *casamento arranjado*, nem foi obrigado a casar com quem não queria, lembre-se de que todos os seus sentidos, com seus genes e hormônios, estavam presentes em cada momento que o fizeram escolher a pessoa com quem se casou. Foram milhões de anos de evolução que lhe deram a competência para selecionar, dentre tantas possibilidades, aquele indivíduo em especial. A bem da verdade, há no planeta inúmeras outras pessoas tão adequadas para você quanto esta. Mas é o seu olhar, o seu ato de escolha e a história que desde então vocês compartilham que a tornam especial.

Os anos passarão, crises surgirão e, possivelmente, você vai se perguntar se fez a escolha certa. Aposte que sim. Caso contrário, já teria descoberto nos dois primeiros anos. Evite cair na tentação de comparar a pessoa com quem se casou com qualquer outra que encontre por aí. A intimidade pode ser uma lente muito cruel, capaz de fazer vermos bruxas em rostos de princesas. Saiba que há inúmeras coisas na pessoa amada que o farão sentir-se orgulhoso e feliz. Basta querer olhar. Cuidado: o contrário também é verdade!

Trate a pessoa amada com mais carinho e gentileza do que você faria — movido pela educação que recebeu em casa — com um estranho. Em primeiro lugar, ela é muito mais do que um estranho, portanto merece tratamento especial. Segundo, se deixá-la magoada ou ofendida, você terá que conviver de perto com as consequências. O estranho vai embora. É página virada. Quem é íntimo, por outro lado, tem o poder de refletir de volta nossas ações.

Por mais que possa parecer óbvio, faça a pessoa amada *sentir-se* amada. Saiba que o maior medo de uma mulher é ser rejeitada e abandonada; e sua maior ansiedade é não conseguir mostrar-se competente e sexualmente atraente[7]. Ela precisa se sentir feminina. Saiba, também, que o maior medo de um homem é ser rejeitado e abandonado; e sua maior ansiedade é não ser capaz de satisfazer sua mulher[8]. Ele precisa se sentir másculo.

Construa memórias compartilhadas: viagens, presentes, histórias, fotos, coisas que demarquem a trajetória de vocês de forma que possa ser recuperada em situações de crise ou dúvida. Criem e respeitem rituais. Comemorem datas significativas. As memórias são importantes para lembrarmos por que o outro é especial.

Vínculos duradouros exigem constantes investimentos. Logo, requerem confiança. Já que o sexo é importante para a intimidade, a fidelidade sexual é fundamental para a confiança de que o outro não se tornará íntimo de uma terceira pessoa a ponto de ameaçar a durabilidade do relacionamento. Afinal, "o crescimento contínuo e a vitalidade da relação dependem da construção e da preservação de um espaço íntimo intensamente privado, que desperte profundo interesse e ofereça absoluta segurança"[9].

Confiar em alguém é saber que podemos contar com aquela pessoa; que podemos estar certos de que não ficaremos sós quando mais precisarmos. É esta certeza que nos dá segurança para enfrentar o mundo lá fora, para encarar desafios, para assumir riscos. É possível dizer sem medo de exagero que a humanidade chegou até aqui graças a uma predisposição à confiança. Nossa evolução se fez possível porque fomos capazes, individual e coletivamente, de confiar no outro. Esta é a chave para a cooperação da qual

---

[7] Schlessinger, op. cit., p. 41.
[8] Schlessinger, op. cit., p. 17.
[9] Mark O'Connell. *O melhor da vida a dois*. São Paulo: Prumo, 2008.

dependem os empreendimentos humanos, a começar pelo mais fundamental — a transformação de um filhote indefeso em um adulto saudável e socialmente integrado.

Confiar é um tiro no escuro. Não há garantias. Mas o mesmo processo que nos tornou aptos, ou até mesmo propensos, a confiar nos tornou capazes de inspirar confiança. Portanto, faça a sua parte: seja fiel. Não é coincidência que "confiança" e "fidelidade" tenham a mesma origem latina *fides* — "fé". Como tal, estão fora do domínio da razão. Confiamos e somos fiéis sem a necessidade de qualquer prova ou de qualquer promessa.

Com base em suas pesquisas, Kirshenbaum[10] observa que

> ninguém realmente espera intimidade perfeita e comunicação perfeita com o parceiro perfeito. Nós buscamos nos estabelecer com um relacionamento imperfeito contanto que haja confiança. 'Eu sei que não importa o que aconteça, ele estará ao meu lado' é a máxima honra e, para muitos de nós, a máxima satisfação.

No fim, confiança é o que mais importa.

Finalmente, lembre-se sempre de que o amor é muito mais do que um sentimento. Amor é um ato de vontade. É um compromisso que se estabelece consigo próprio e com o outro. É uma decisão madura e uma atitude responsável. Ao contrário da consumidora luxúria, o amor é criador. Ele pressupõe um *projeto* — um futuro com o outro — e o realiza. Por isso é também *história*.

---

[10] Mira Kirshenbaum. *I Love You, but I don't Trust You*. New York: Berkley Books, 2012, p. 16.

REFERÊNCIAS

Bibliográficas

AGOSTINHO, Marcia; LOPES, Alyne. "Reprodução e produção reflexiva: números de um Brasil menos fecundo". Bento Gonçalves: Anais do ENEGEP, 2012.
AMEN, Daniel G. *Change Your Brain, Change Your Body*. New York: Three Rivers Press, 2010.
BAUMAN, Zygmunt. *Amor líquido*. Rio de Janeiro: Zahar, 2004.
BECK, Ulrich; GIDDENS, Anthony; LASH, Scott. *Modernização reflexiva*. São Paulo: Editora Unesp, 1997.
BECK, Ulrich. *Risk Society*. London: Sage, 1992.
BERGSON, Henri. *A evolução criadora*. São Paulo: Martins Fontes, 2005.
BOTTON, Alain de. *Religião para ateus*. Rio de Janeiro: Intrínseca, 2011.
BOURDIEU, Pierre. *A dominação masculina*. Rio de Janeiro: Bertrand Brasil, 2003.
BRIZENDINE, Louann. *The Female Brain*. New York: Broadway Books, 2006.
_____. *The Male Brain*. London: Bantam Press, 2010.
BRYSON, Bill. *Em casa: uma breve história da vida doméstica*. São Paulo: Companhia das Letras, 2011.
DECI, Edward. *Por que fazemos o que fazemos?* São Paulo: Negócio, 1998.

DEL PRIORE, Mary. *História do amor no Brasil*. São Paulo: Contexto, 2011a.

_____. *Histórias íntimas*. São Paulo: Planeta, 2011b.

DIAMOND, Jared. *O terceiro chimpanzé*. Rio de Janeiro: Record, 2010.

EISLER, Riane. *O cálice e a espada*. Rio de Janeiro: Imago, 1989.

ENGELS, Friedrich. *A origem da família, da propriedade privada e do estado*. Lisboa: Edições Avante, 1985.

FERRY, Luc. *Diante da crise*. Rio de Janeiro: Difel, 2010.

FISHER, Helen. *Por que ele? Por que ela?* Rio de Janeiro: Rocco, 2010.

FLANAGAN, Caitlin. *To Hell with All That*. New York: Back Bay Books, 2007.

FRANKL, Viktor. *Man's Search for Meaning*. Boston: Beacon Press, 2006.

FREUD, Sigmund. *Moisés e o monoteísmo*. Rio de Janeiro: Imago, 1997.

FROMM, Erich. *The Art of Loving*. New York: Harper Perennial, 2006.

GIDDENS, Anthony. *A transformação da intimidade*. São Paulo: Editora Unesp, 1993.

_____. *Modernidade e identidade*. Rio de Janeiro: Zahar, 2002.

GOLDENBERG, Miriam. *De perto ninguém é normal*. Rio de Janeiro: Bestbolso, 2011.

_____. *Por que homens e mulheres traem?* Rio de Janeiro: Bestbolso, 2010.

GULLO, Stephen; e CHURCH, Connie. *Loveshock: How to Recover from a Broken Heart and Love Again*. London: Simon & Schuster, 1989.

HADDAD, Gisela. *Amor e fidelidade*. São Paulo: Casa do Psicólogo, 2009.

HIRSI ALI, Ayaan. *Infiel*. São Paulo: Companhia das Letras, 2012.

Referências

Hochschild, Arlie. *The Second Shift*. New York: Penguin Books, 2012.

Illouz, Eva. *Amor nos tempos do capitalismo*. Rio de Janeiro: Zahar, 2011.

Julien, Philippe. *A feminilidade velada*. Rio de Janeiro: Companhia de Freud, 2006.

Kant, Immanuel. *Começo conjectural da história humana*. São Paulo: Editora Unesp, 2010.

Kirshenbaum, Mira. *I Love You, but I don't Trust You*. New York: Berkley Books, 2012.

Le Goff, Jacques. *The Medieval World*. London: Collins & Brown, 1990.

Lepargneur, Hubert. *Antropologia do prazer*. Campinas, SP: Papirus, 1985.

Lukas, Carrie L. *Mulher sem culpa*. São Paulo: Editora Gente, 2010.

Maushart, Susan. *Profissão: esposa*. São Paulo: Melhoramentos, 2007.

Mundy, Liza. *The Richer Sex*. New York: Simon & Schuster, 2012.

Nietzsche, Friedrich. *A genealogia da moral*. Petrópolis, RJ: Editora Vozes, 2011.

O'Connell, Mark. *O melhor da vida a dois*. São Paulo: Prumo, 2008.

Olson, Steve. *A história da humanidade*. Rio de Janeiro: Campus, 2003.

Pittman, Frank. *Private Lies: Infidelity and the Betrayal of Intimacy*. New York: W.W. Norton & Co., 1989.

Quirk, Joe. *Espermatozoides são de homens, óvulos são de mulheres*. Rio de Janeiro: Rocco, 2009.

Rago, Margareth. "Trabalho feminino e sexualidade". In: Del Priore, Mary (Org.). *História das mulheres no Brasil*. São Paulo: Editora Contexto, 2011.

Saint-Exupéry, Antoine. *Le Petit Prince*. Paris: Folio, 2008.
Schlessinger, Laura. *The Proper Care and Feeding of Marriage*. New York: Harper, 2008.
Slater, Lauren. *Mente e cérebro*. Rio de Janeiro: Ediouro, 2004.
Tolstói, Lev. *Felicidade conjugal*. São Paulo: Editora 34, 2010.
Trees, Andrew. *Decodificando o amor*. São Paulo: Prumo, 2009.
Velho, Gilberto. *Subjetividade e sociedade: uma experiência de geração*. Rio de Janeiro: Zahar, 2002.
Wallerstein, Judith; e Blakeslee, Sandra. *Second Chances*. London: Bantam, 1989.

Eletrônicas

DIEESE. "Anuário das mulheres brasileiras". São Paulo: DIEESE, 2011. Disponível em: <http://portal.mte.gov.br/data/files/8A7C816A31B027 B80131B40586FA0B89/anuarioMulheresBrasileiras2011.pdf>

IBGE. "Censo Demográfico 2010". SIDRA. Disponível em: <http://www.sidra.ibge.gov.br>

IBGE. "Estatísticas do Registro Civil 2010", 2010a. Disponível em: http://www.ibge.gov.br/home/estatistica/populacao/registrocivil/2010/default.shtm

IBGE. "Estatísticas do Registro Civil 2010", v. 37, 2010b. Disponível em: http://www.ibge.gov.br/home/estatistica/populacao/registrocivil/2010/rc2010.pdf

IBGE. "Síntese de indicadores sociais: Uma análise das condições de vida da população brasileira". Rio de Janeiro: IBGE, 2010. Disponível em: http://www.ibge.gov.br/home/estatistica/populacao/condicaodevida/indicadoresminimos/sinteseindicsociais2010/SIS_2010.pdf

OLIVEIRA, M. et al. "Homens e anticoncepção: um estudo sobre duas gerações masculinas das 'camadas médias' paulistas". In: Miranda-Ribeiro, P. e Simão, A. (Orgs.). *Qualificando os números: estudos sobre saúde sexual e reprodutiva no Brasil*. Demografia em debate, v. 2, Belo Horizonte: ABEP; UNFPA, 2008. Disponível em: http://www.abep.nepo.unicamp.br/docs/ebooks/Demografia_em_Debate/Demografia_em_Debate_Volume2.pdf>.

OSCAR, Naiana. "Novos negócios na tradicional indústria do casamento". *O Estado de S. Paulo*, 8 de fevereiro de 2011. Disponível em: http://www.estadao.com.br/noticias/impresso,novos-negocios-na-tradicional-industria-do-casamento,676527,0.htm

PORTAL BRASIL. Ciência e tecnologia. "Indústria farmacêutica". Disponível em: http://www.brasil.gov.br/sobre/ciencia-e-tecnologia/tecnologia-em-saude

PORTAL BRASIL. "Número de divórcios em 2010 é o maior desde 1984", 30 de novembro de 2011. Disponível em: http://www.brasil.gov.br/noticias/arquivos/2011/11/30/numero-de-divorcios-em-2010-e-o-maior-desde-1984

Este livro foi impresso em São Paulo em janeiro de 2014, pela
Imprensa da Fé para a Odisseia Editorial.
As fontes usadas são: Book Antiqua 11/14,5
o miolo e Candara para títulos e subtítulos.
O papel do miolo é polen soft $70g/m^2$ e o da capa é cartão $250g/m^2$.